Mosaik bei
GOLDMANN

Buch

Wie sehen Wege in eine positive Zukunft unserer Kinder aus? Wie kann man ihnen helfen, den Übergang ins Erwachsenenleben problemlos zu meistern? Und wie kann man verhindern, dass Kinder zu Tyrannen werden?
In seinem neuen Buch weist Michael Winterhoff Wege aus der Erziehungskrise: Wenn Eltern, Erzieher/innen und Lehrer/innen ihre Verantwortung für die Psyche der Kinder ernst nehmen und dies bewusst in ihrem Verhalten umsetzen, können alle dazu beitragen, dass Kinder fröhlich und gesund aufwachsen. Das partnerschaftliche Erziehungskonzept muss durch einen altersgerechten Umgang mit Kindern, der ihnen die Möglichkeit zur psychischen Reifung gibt, abgelöst werden. Anhand zahlreicher aus dem Leben gegriffener Fallbeispiele erläutert Winterhoff, wie Erwachsene Beziehungsstörungen erkennen und beheben können. So kann ein erhebliches gesellschaftliches Konfliktpotenzial entschärft werden, und es wird wieder glückliche Kinder geben, die sich zu beziehungs- und arbeitsfähigen Erwachsenen entwickeln.

Autor

Dr. Michael Winterhoff, geb. 1955, ist verheiratet und hat zwei Kinder. Er studierte in Bonn Humanmedizin und ließ sich dort 1988 mit einer eigenen Praxis als Facharzt für Kinder- und Jugendpsychiatrie und Psychotherapie nieder. Als Sozialpsychiater hat er sich darüber hinaus im Bereich der Jugendhilfe einen Namen gemacht.

Von Michael Winterhoff außerdem bei Mosaik bei Goldmann

Warum unsere Kinder Tyrannen werden (17128)

Michael Winterhoff

Tyrannen müssen nicht sein

Warum Erziehung allein nicht reicht – Auswege

In Zusammenarbeit mit Carsten Tergast

Alle Ratschläge in diesem Buch wurden vom Autor und vom Verlag sorgfältig erwogen und geprüft. Eine Garantie kann dennoch nicht übernommen werden. Eine Haftung des Autors beziehungsweise des Verlags und seiner Beauftragten für Personen-, Sach- und Vermögensschäden ist daher ausgeschlossen.

Verlagsgruppe Random House FSC-DEU-0100
Das für dieses Buch verwendete FSC-zertifizierte Papier *Classic 95*
liefert Stora Enso, Finnland.

1. Auflage
Vollständige Taschenbuchausgabe Januar 2011
Wilhelm Goldmann Verlag, München,
in der Verlagsgruppe Random House GmbH
© 2009 Gütersloher Verlagshaus, Gütersloh,
in der Verlagsgruppe Random House GmbH, München
Umschlaggestaltung: Uno Werbeagentur, München
Umschlagillustration: Fine Pic, München
Satz: Uhl + Massopust, Aalen
Druck und Bindung: GGP Media GmbH, Pößneck
CB · Herstellung: IH
Printed in Germany
ISBN 978-3-442-17202-3

www.mosaik-goldmann.de

Inhalt

Kapitel 1
Ein paar Worte vorweg 9

Warum Erziehung allein nicht reicht................ 18
Woran kann ich mich orientieren?
Entwicklungsstufen des Kindes 35
Exkurs: Der Kindheitsbegriff im Wandel
der Zeiten.. 44
Mitten aus dem Leben: Aufräumen 50

Kapitel 2
Das Konzept »Kind« –
Was die Beziehungsstörungen bewirken............. 55

Das Konzept »Kind als Kind«...................... 55
Das Konzept »Kind als Partner«.................... 63
Das Konzept »Ich will vom Kind geliebt
werden« 80
Das Konzept »Das Kind ist Teil meiner selbst« 84
Das Beispiel Jan.................................. 92
Mitten aus dem Leben:
Hausaufgabenkontrolle durch den Lehrer 96

Kapitel 3
Kommunikationsstörungen als Hintergrund
des Dilemmas – Was meinen wir eigentlich,
wenn wir Kind sagen? 99

Lehrerkollegium: Kommunikation zwischen
Lehrern über Kinder 104
Kommunikation zwischen Lehrern und Schülern.... 109
Kommunikation zwischen Lehrern und Eltern 111
Kommunikation zwischen Eltern und Kindern...... 115
Kommunikation zwischen Eltern und Großeltern ... 118
Kommunikation zwischen Paaren 120
Gestörte Kommunikation in meiner Praxis –
Ein Beispiel 124

Kapitel 4
Wohin führt der Weg? Entwicklungsperspektiven
unserer Gesellschaft unter dem Vorzeichen
fehlender Psycheentwicklung 131

Der Faktor Zeit 139
Die Zeit rast – Tempo und Geschwindigkeit
als Merkmale der Moderne 140
Auswirkungen der Tempogläubigkeit auf die Psyche .. 141
Sich Zeit nehmen – Entlastung schaffen –
Ruhe einkehren lassen 144
Das Beispiel Michael 148
Die Sinnfrage................................... 151

Inhalt

Kapitel 5
Auswege – Keine banalen Lösungen 155

   Zu sich selbst zurückfinden – Selbstanalyse und
   Auflösung der Beziehungsstörungen 157
   Mitten aus dem Leben: Anziehen 164
   Das Beispiel Tim 171

Kapitel 6
Die private Sphäre –
Was muss Familie heute leisten? 175

Kapitel 7
Die öffentliche Sphäre –
Gesellschaftliche Erwartungen und Druck 197

   Fehlende Struktur in Kindergarten und
   Grundschule 199
   Kinder brauchen keine Entertainer 209

Kapitel 8
Ausklang: Was ist zu tun? 219

Dank 233

Register 235

Kapitel 1

Ein paar Worte vorweg

Als im Januar 2008 mein Buch »Warum unsere Kinder Tyrannen werden« erschien, war ich auf vieles eingerichtet, aber nicht auf das, was mich in den kommenden Monaten erwarten sollte. Ich hatte mich jahrelang mit dem Gedanken getragen, meine Erkenntnisse zu publizieren, um sie einem breiten Publikum bekannt zu machen. Aber es sollte noch eine Weile dauern, bis ich das Gefühl bekam, die Stimmung unter meinen potenziellen Lesern sei nun derart günstig, dass mit einer interessierten Aufnahme des Buches zu rechnen sei.

Meine dennoch sehr zurückhaltenden Erwartungen wurden jedoch weit übertroffen. Unzählige Reaktionen von Lesern und nicht zuletzt die enorme Verbreitung des Buches haben gezeigt, dass ich direkt den Nerv der Zeit getroffen habe und die Grundlagen für meine Thesen von vielen Menschen nachempfunden werden konnten. Das Heraustreten aus den vier Wänden meiner Praxis, in denen meine Thesen entstanden sind, hat mir neben Bestätigung aber auch viele

Ein paar Worte vorweg

neue Anregungen und konstruktive Kritik gebracht. Einiges davon soll im vorliegenden Buch zur Sprache kommen und bekannte Aspekte des ersten Buches um bedeutende neue Facetten bereichern.

Ein paar wichtige Anmerkungen möchte ich an dieser Stelle vorausschicken, da sie zum Verständnis des Buches wichtig sind. Da ist zunächst einmal die Einordnung meiner Analyse. Vielfach hat man das Etikett des »Ratgebers«, genauer gesagt, des »Erziehungsratgebers« auf das Buch geklebt und war der Meinung, es damit in eine sattsam bekannte und bereits gut gefüllte Schublade einordnen zu können. Das ist schlicht und ergreifend falsch. Als Psychiater bin ich weit davon entfernt, einen Ratgeber zu verfassen, der Menschen scheinbar einfache Regeln an die Hand gibt, mit denen sie ihr Leben (oder eben: ihre Kinder) endlich in den Griff bekommen. Das Leben ist mehrdimensional, selten gibt es einen Königsweg zur Erreichung eines bestimmten Zieles. Viele Wege führen bekanntlich nach Rom, und auch was die heranwachsenden Kinder betrifft, ist die ultima ratio noch nicht gefunden worden. Es kann sie meines Erachtens auch gar nicht geben.

Vor allem im Bereich der bis sechsjährigen Kinder ist die Entwicklung so diskrepant, dass eine generelle Erziehungslinie in Buchform quasi nicht vermittelbar wäre. Das bedeutet nicht, dass es keine Bücher gäbe, die viele interessante Aspekte zur Säuglings- und Kleinkindentwicklung aufzeigten. Nur *den* definitiven Ratgeber für den Umgang mit den

Ein paar Worte vorweg

Kleinen sollte man nicht erwarten. Zum Thema Kinder ab dem sechsten Lebensjahr gibt es auf dem Markt einige wenige sehr gute Bücher, indes auch viel überflüssige und verunsichernde Literatur, die meist von einem sehr funktionalen Verständnis der Kinderseele zeugt und Kindererziehung in Checklistenform abhandeln möchte.

Ich hingegen verstehe meine Ausführungen als Beitrag zu einer gesellschaftlich notwendigen Diskussion über die Entwicklung von Kindern und Jugendlichen zu voll gesellschaftsfähigen sozialen Wesen. Dabei geht es im Übrigen nicht um angepasste Jasager, die sich anderen in devoter Art und Weise unterordnen, sondern um Menschen, die verstehen können, dass um sie herum andere Menschen leben, die ebenfalls berechtigte Bedürfnisse und Meinungen haben. Gerade weil wir oft beklagen, heute habe die Ellbogengesellschaft überhandgenommen, und es zähle nur noch konsequenter Individualismus oder, besser gesagt: Egoismus, ist es wichtig aufzuzeigen, wie die Entwicklung des Menschen so beeinflusst werden kann, dass das Entstehen dieser Egoisten verhindert wird.

Der Begriff des Egoisten führt mich zu einem weiteren Punkt, den ich an dieser Stelle ansprechen möchte. Manch einer hat sich am Begriff des »Tyrannen« gestoßen, der an markanter Stelle im Titel des Buches auftaucht und auch an einigen Textstellen wieder aufgegriffen wird. »Tyrannen«, so wurde argumentiert, seien bewusst handelnde, grausame Diktatoren, die zielgerichtet das Leben anderer Menschen

Ein paar Worte vorweg

beeinflussen. Dieser Begriff dürfe folglich keinesfalls auf Kinder übertragen werden, denn dies zeuge von Kinder verachtendem Denken.

Nun liegt mir nichts ferner als eine solche Sichtweise. Als ich mich für die Bezeichnung »Tyrann« entschied, dachte ich an die ursprüngliche Bedeutung des griechischen *tyrannos*, ein Ausdruck, welcher im alten Griechenland moralisch wertfrei gebraucht wurde, um – im politischen Sinne – legitime von illegitimer Macht zu unterscheiden. Auf Kinder übertragen hieße das: Der »Tyrann« ist nichts anderes als eine Umschreibung für die Machtumkehr, welche sich auf Grund von Beziehungsstörungen bei immer mehr Erwachsenen in Bezug auf Kinder manifestiert.

Der heutige Tyrannenbegriff geht von einem bewusst negativen Verhalten aus. Diese Voraussetzung ist bei den Kindern und Jugendlichen, um die es mir geht, jedoch nicht vorhanden. Sie handeln vielmehr unbewusst, da ihre psychische Reifeentwicklung nachhaltig gestört ist. Heraus kommt schließlich aber ein oft als tyrannisch empfundenes Verhalten. Der Gebrauch des Ausdrucks »Tyrann« drückt ein Gefühl der Hilflosigkeit aus, welches Erwachsene empfinden, wenn sie mit den Auswirkungen fehlgeleiteter Entwicklung von Kindern zu tun haben.

Es ist eben das Gefühl, einem Menschen, konkret: einem Kind, gegenüberzustehen, das mit seinem Verhalten alles um sich herum zu bestimmen vermag und gegen Beeinflussungsversuche von außen absolut immun ist. Es ist das Ge-

Ein paar Worte vorweg

fühl, das entsteht, wenn man merkt, dass junge Erwachsene keinen Respekt vor anderen Menschen mehr zu zeigen vermögen.

Die natürliche Respektlosigkeit eines anderthalb- oder zweijährigen Kindes führt zu einem Verhalten, das den Erwachsenen ständig in einer Art »stand-by«-Modus hält, aber selbstverständlich noch nicht als tyrannisch empfunden wird, weil man eben ein sehr kleines Kind vor sich hat. Auch Fünfjährige würde ich nicht als tyrannisch in ihrem Verhalten bezeichnen, allerdings sind sie in einem ganz wichtigen Alter hinsichtlich der psychischen Entwicklung. Bei ihnen müssen sich viele psychische Funktionen jetzt intensiv ausbilden, deren Fehlen ich bei Jugendlichen heute attestiere. Das respektlose und verweigernde Verhalten bei einem beispielsweise Fünfzehnjährigen kommt jedoch in seiner Auswirkung auf sein Umfeld der Empfindung von Tyrannei schon wesentlich näher, weil jeder erwarten darf, dass ein vom Alter her fast erwachsener Mensch sich respektvoll gegenüber seinen Mitmenschen verhalten und in der Lage sein müsste, ein Mindestmaß an sozialer Anpassung zu zeigen. Daher sprach der Titel meines ersten Buches davon, dass »unsere Kinder Tyrannen *werden*«. Und wenn ich in diesem Buch sage, »Tyrannen müssen nicht sein«, hat diese Aussage die gleiche Stoßrichtung: Was müssen wir tun, um den kleinen Kindern eine Entwicklung zu ermöglichen, die verhindert, dass sie später im Leben Probleme bekommen und schließlich selbst als Problem empfunden werden?

Ein paar Worte vorweg

Ich befasse mich in meinen Ausführungen also deshalb so viel mit den kleineren Kindern (jedoch ausdrücklich nicht mit Säuglingen!), weil in der frühen Lebensphase die Ursachen für das Verhalten der später als tyrannisch empfundenen Jugendlichen liegen. Und nur Ursachenforschung kann zu einer Besserung der Situation beitragen, nicht das oftmals typische »Behandeln« von Symptomen. Wenn ein Kind permanente Respektlosigkeit im Sinne von Frechheit und Verweigerung zeigt, macht es allemal mehr Sinn, sich auf die Suche nach der Ursache dafür zu machen, als sofort ein Maßnahmenpaket zu entwickeln, welches zwar vorübergehend die Frechheit und Verweigerung für den Moment auf der Oberfläche in den Griff zu bekommen scheint, jedoch keine Langzeitwirkung zeigt. Letzteres können solche Maßnahmen gar nicht bewirken, eben weil sie den zugrunde liegenden Entwicklungsprozess der kindlichen Psyche ignorieren.

Kinder, die in einer Beziehungsstörung aufwachsen, haben manipulatives Verhalten gegenüber Erwachsenen gelernt, da sie kein Gegenüber mehr erkennen und als Begrenzung des eigenen Ich erfahren können. Das Kind manipuliert also zwar durchaus gezielt, allerdings nicht bewusst oder berechnend. Hier besteht ein wichtiger Unterschied, denn die manipulativen Handlungen dieser Kinder sind nicht rational gesteuert, ihre Zielgerichtetheit besteht lediglich aus einer erlernten Reaktion auf das Verhalten ihres jeweiligen Gegenübers. Wir müssen daher aufhören, diese Kinder als

Ein paar Worte vorweg

krank anzusehen oder sie immer weiter krank zu reden. Wären sie krank, könnte man ihnen mit einer Symptombehandlung helfen. Das geht jedoch nicht, weil es sich nicht um eine Krankheit, sondern um eine Entwicklungsstörung handelt.

Als zentrale Aufgabe der Gesellschaft kristallisiert sich folglich für mich heraus: Die von mir beschriebenen Probleme müssen auf allen zuständigen Ebenen erkannt werden, also bei Eltern, in Kindergärten und Grundschulen, in der Jugendhilfe und vor allem auf politischer Ebene, wo richtungweisende Entscheidungen für das Leben von Kindern und Jugendlichen getroffen werden. Aus der Erkenntnis der Probleme muss folgen, dass nicht symptomorientiert gearbeitet werden darf, sondern bei den grundlegenden Ursachen begonnen werden muss. Da diese in falschen Konzepten vom Kind liegen, die sich in Beziehungsstörungen äußern, müssen die heutigen Konzepte der Erwachsenen dringend überprüft werden. Erst wenn dies geschehen ist und man wieder dazu zurückkommt, Kinder als Kinder zu sehen, kann man fehlende psychische Funktionen bei Kindern und Jugendlichen nachreifen lassen. Wenn das gelingt, bin ich zuversichtlich, dass wir wieder in eine Zukunft blicken können, die Erwachsene hervorbringt, die konstruktiv und positiv zusammenleben können.

Mein Anliegen ist es also nicht, Kinder zu diskreditieren und allgemeine Verunsicherung zu stiften. Es gibt nach wie vor viele sich nicht in einer der beschriebenen Beziehungsstörungen befindliche Erwachsene und vollkommen normal

Ein paar Worte vorweg

entwickelte Kinder und Jugendliche. Diese sollten sich durch meine Ausführungen nicht in ihren Verhaltensweisen kritisiert fühlen, falls sie sich einmal wiederzuerkennen glauben. Mir geht es um generelle Handlungslinien und nicht um Einzelfälle von falschem oder richtigem Verhalten. Wer das richtig versteht, wird sich in der Regel durch meine Erkenntnisse bestätigt fühlen und diesen Weg weitergehen. Es gibt auf das erste Buch eine Menge positiver Reaktionen, die mir genau das bestätigen.

Gegenüber »Warum unsere Kinder Tyrannen werden« hat dieses Buch vor allem zwei Schwerpunkte, welche meine Thesen vertiefen und erweitern sowie auch Hoffnung wecken sollen. Ich möchte vermitteln, wie Erwachsene erkennen können, ob sie sich in einer Beziehungsstörung befinden, und ich möchte Wege aufzeigen, wie man dem Dilemma entkommen, die Störung also auflösen kann. Es wird allerdings sehr schnell deutlich werden, dass es sich dabei nicht um das Abhaken von Checklisten handelt, sondern um langsame Bewusstwerdungsprozesse, die in den Entschluss zu einem veränderten persönlichen Verhalten münden.

Dies ist *ein* Schwerpunkt, der zweite liegt auf der Analyse von Kommunikationsstörungen, die den gerade angesprochenen Bewusstwerdungs- und Lösungsprozessen massiv im Wege stehen. Die Frage dabei lautet: Was meinen wir eigentlich, wenn wir vom Kind sprechen? Meint jeder das Gleiche, oder kann es sein, dass alle dasselbe Wort benutzen, dabei aber über ganz unterschiedliche »Objekte« sprechen?

Ein paar Worte vorweg

Zwar lasse ich an vielen Stellen immer wieder Beispiele aus konkreten Fällen einfließen, die Reaktionen auf mein erstes Buch haben mir jedoch gezeigt, dass manchen Lesern dies noch nicht umfassend genug erschien, um ihr Verhalten wirklich analysieren zu können. Daher halte ich es für sinnvoll, an ausgewählten Beispielen aus dem Alltagsleben explizit zu erläutern, inwiefern sich das Verhalten von Erwachsenen in derselben Situation durch unterschiedliche Konzepte verändert. Ich orientiere mich dabei an Begebenheiten, die jeder täglich oder fast täglich mit seinen Kindern daheim erlebt und bei denen es in vielen Familien immer wieder zu kritischen Momenten kommt, in welchen die Kinder scheinbar nicht mehr zu kontrollieren sind. Die Beschreibung dieser Situationen ist an verschiedenen Stellen im Text eingefügt.

Meine Aufgabe als Psychiater ist es, Menschen einen Spiegel vorzuhalten, in dem sie ihr Verhalten erkennen können, um darüber nachzudenken. Dazu diente das erste Buch, und auch dieses Buch soll dazu beitragen, dass Kinder in Liebe unter Anleitung verantwortungsbewusster Erwachsener aufwachsen können, die ihre Rolle als leitendes Gegenüber für das Kind einnehmen und dem Kind damit eine angemessene Reifeentwicklung ermöglichen. Kinder brauchen die Chance auf eine solche Entwicklung mehr denn je, und es ist an uns Erwachsenen, unser Verhalten daraufhin zu überprüfen, ob wir ihnen diese Chance geben.

Darüber hinaus sei auch gesagt: Wer Kinder als Kinder

Ein paar Worte vorweg

sieht, sich ihnen gegenüber intuitiv liebevoll verhält und damit eine gesunde Entwicklung fördert, macht auch sich selbst das Leben leichter.

Warum Erziehung allein nicht reicht

Es ist mittags, dreizehn Uhr, irgendwo im Deutschland des Jahres 2008. In der dreiköpfigen Familie Schmidt ist soeben das Mittagessen beendet worden, folgende Szene schließt sich an: Die zweijährige Tochter Mia wird von ihrer Mutter gefragt, ob sie denn heute gerne einen Mittagsschlaf halten möchte, oder lieber doch nicht. Mia überlegt hin und her, ihre Eltern warten geduldig auf die Entscheidung ihrer Tochter, denn manchmal hat Mia auch einfach keine Lust auf Mittagsschlaf.

Doch heute befindet sie, sie sei müde und wolle durchaus schlafen. Es müsse aber selbstverständlich das übliche Einschlafritual ablaufen. Und das sieht so aus: Mia legt sich in die Mitte, rechts und links davon liegen Vater und Mutter. Nun darf Mia beide so lange an der Nase festhalten, bis sie irgendwann eingeschlafen ist.

Sie glauben nicht, dass sich solche Szenen wirklich abspielen? Dass sich Eltern von ihren Kindern im wahrsten Sinne des Wortes an der Nase herumführen lassen, ohne dass ihnen auffällt, dass dieser Zustand möglicherweise nicht in Ordnung ist?

Nun, Kinder tun genau das, und die Eltern spielen mit. Jeden Tag, in immer mehr Familien. Die Zahl der Kandidaten, die, den Kinderschuhen entwachsen, zu tyrannischem Verhalten neigen werden, ist hoch, die Dunkelziffer ist um einiges höher. Ich sehe sie jeden Tag in den verschiedensten Zusammenhängen. Tendenz steigend.

Wenn Eltern früher meine Praxis aufsuchten, hatten ihre Probleme in der Regel einen anderen Hintergrund als bei den von mir aktuell analysierten Fällen. Es handelte sich dabei zumeist um Fälle, die aus der persönlichen Lebensgeschichte der Eltern resultierten. Die kleinen Patienten damals waren also Kinder, deren Eltern selbst eine hochgradig belastete Vergangenheit mit sich herumtrugen und daher beim Umgang mit ihren Kindern in Schwierigkeiten geraten waren. Diese Fälle waren Einzelfälle, die auch einzeln erklärbar und behandelbar waren.

Das ist eben gerade der große Unterschied zur heutigen Situation: der Wandel von individuellen Hintergründen zu einem Massenphänomen im Sinne einer nicht mehr zu verkraftenden negativen gesellschaftlichen Tendenz, die dazu führt, dass Eltern sich in großer Zahl unbewusst falsch verhalten. Nur aus diesem Umstand ist es auch zu erklären, dass so viele – und immer mehr – Kinder betroffen sind. Die derzeit aus Familien, Kindergärten und Schulen kolportierten Zahlen problematischer Kinder sind mit individuellen Hintergründen keinesfalls mehr zufriedenstellend erklärbar.

Ich habe in meinem ersten Buch anhand eines dreistufi-

Ein paar Worte vorweg

gen Modells von Beziehungsstörungen analysiert, warum es in immer mehr Fällen so weit kommt, dass Kinder von ihren Eltern und ihrer außerfamiliären Umgebung nicht mehr als schützenswert empfunden werden. Diese Kinder werden einerseits als selbstständige Persönlichkeiten wahrgenommen, die scheinbar wissen, wo es langgeht, andererseits aber als unausstehliche Bestimmer empfunden, welche eine komplette Machtumkehr im Verhältnis Erwachsener – Kind hinbekommen haben. Diese drei Beziehungsstörungen, *Partnerschaftlichkeit*, *Projektion* und *Symbiose*, sind auch der beständige Hintergrund für die hier ausgeführten Betrachtungen und Analysen. An dieser Stelle möchte ich Ihnen zur Orientierung nochmals einen groben Überblick darüber verschaffen:

Partnerschaft:
Der Erwachsene sieht Kinder auf gleicher Ebene und unterliegt der Vorstellung, man könne bereits kleine Kinder über Erklären und Verstehen erziehen. Dahinter steht ein Freundschaftskonzept und ein starker Wunsch nach Harmonie. Eltern, die so handeln, wollen um jeden Preis im Einklang mit ihren Kindern leben, setzen auf allzeit gutes Verständnis und das Verschwinden innerfamiliärer Hierarchien. Daraus resultierende endlose Diskussionen nehmen den Kindern jegliche Sicherheit im Umgang mit Erwachsenen. Das Kind soll als gleichberechtigter Partner für seine Eltern fungieren und wird dadurch häufig zu-

sätzlich mit Themen und Verhaltensweisen überfordert, für die es definitiv zu jung ist. Die Folge ist, dass sich psychische Funktionen, wie beispielsweise Frustrationstoleranz, Gewissen, Arbeitshaltung und Teamfähigkeit, nicht ausreichend bilden können.

Projektion:
Der Erwachsene gerät in Abhängigkeit vom Kind, weil er die positiven Bezüge zu seiner Umwelt weitestgehend verloren hat. Er fühlt sich häufig von der technischen Entwicklung, von sozialen Einflüssen oder von der schieren Informationsflut überfordert und sucht deshalb verstärkt nach Anerkennung und Liebe. Das Kind bietet sich hier als ideale Kompensation an. Dieser Prozess findet natürlich unbewusst statt, nichtsdestotrotz handelt es sich um einen emotionalen Missbrauch des Kindes. Der Wunsch nach Liebe und Anerkennung wird nämlich nun in das Kind hineinprojiziert. Folglich wird das Kind verantwortlich, dem Erwachsenen zu geben, was jener entbehrt. Der Erwachsene seinerseits möchte vom Kind geliebt werden. Das hat, um es noch einmal ausdrücklich zu sagen, nichts damit zu tun, dass sich jeder Vater, jede Mutter freut, wenn er oder sie Liebe und Zuneigung vom Kind erfährt. Diese Erfahrung ist normalerweise an keinerlei Bedingungen geknüpft, sie wird immer wieder durch Zufall gemacht. Die Beziehungsstörung der Projektion dagegen bedeutet, dass Erwachsene auf diese Liebe und Zunei-

gung angewiesen sind und damit dem Kind keine Struktur mehr vorgeben können. Es herrscht die latente Angst, das Kind könne diese Vorgabe als restriktiv empfinden und dann dem Erwachsenen die Zuneigung verweigern. Die Folge ist eine Machtumkehr: Das Kind verbleibt in der frühkindlichen Fantasie, über dem Erwachsenen zu stehen und ihn steuern zu können.

Symbiose:
In der Symbiose verschmilzt die Psyche eines Elternteiles mit der des Kindes. Hintergrund dafür ist eine scheinbar nicht zukunftsweisende Gesellschaft. Die beim Elternteil fehlenden Anteile wie Glücklich- oder Zufriedensein werden unbewusst aus der Psyche des Kindes entnommen und in die eigene Psyche integriert. Aus diesem Grund ist dann das Glück des Kindes plötzlich das des Elternteiles. Dieser fühlt *für* das Kind, er denkt *für* das Kind und geht beispielsweise auch *für* das Kind in die Schule.
Diese Eltern nehmen vieles im Hinblick auf das kindliche Verhalten gar nicht mehr wahr. Sie sind blind für eigentlich offensichtliches Fehlverhalten, es stört sie überhaupt nicht. Aufträge werden völlig selbstverständlich mehrfach gegeben, solange bis das Kind diese irgendwann einmal ausführt. Die Eltern bemerken nicht, dass sie sich steuern lassen. Das Kind, welches psychisch als Teil des betroffenen Erwachsenen verarbeitet wird, kann nach dessen Empfinden nichts extra machen, weil ein Teil seines Kör-

pers nichts extra machen kann. Daraus folgt, dass der Erwachsene für ein Fehlverhalten seines Kindes, auf das er von außen aufmerksam gemacht worden ist, immer eine vom Kind unabhängige Begründung parat hat. Dabei liegt dieser Grund dann entweder bei den anderen (Lehrer oder Mitschüler) oder, wenn das offensichtlich nicht der Fall ist, kann das Kind »nichts dafür« und braucht daher aus Sicht der Eltern, etwa in der Schule, mehr Aufmerksamkeit und Zuwendung. Dies ist ein häufiger Grund von Vorwürfen an Erzieher und Lehrer.

Aussagen (= Impulse) des Kindes stimmen immer, sie werden nicht mehr hinterfragt. Genauso wie man es nicht in Frage stellt, wenn ein Körperteil einen Schmerzimpuls gibt, wenn wir uns stoßen (der Schmerzensschrei ist nicht bewusst von mir gesteuert), genauso werden auch Angaben des Kindes nicht mehr auf Wahrheitsgehalt überprüft. Das kann dazu führen, dass auf Grund der Äußerungen ihrer Kinder von Eltern mitunter massiv gegen Lehrer oder Erzieher oder auch gegen andere Eltern vorgegangen wird.

Wenn sich das Kind gegenüber dem Elternteil dauerhaft verweigert, kann es kritisch werden. Der Erwachsene versucht nun, das Kind unbedingt dahin zu bringen, dass es etwas ausführt. Dies gleicht dem Verhalten gegenüber einem Körperteil, den ich dazu bringen kann, etwas auszuführen. In der Symbiose sieht der Erwachsene nur noch die reine Tatsache, dass das Kind etwas nicht tut, und denkt ausschließlich darüber nach, wie das Gegenteil zu erreichen ist. Er beurteilt also überhaupt nicht mehr das Verhalten des Kindes ihm gegenüber, wie er es sonst bei anderen Menschen machen würde. Zunächst versucht ein solcher Elternteil, das Kind über Reden dahin zu bringen, die gewünschte Handlung auszuführen. Falls das nicht fruchtet, kommt er schnell in die Gefahr, sich immer stärker aufzuregen. Schließlich empfindet er ein Ohnmachtsgefühl, reagiert darauf mit den typischen »wenn – dann«-Sätzen oder mit Bestrafungen. Was ihm dabei nicht klar wird, ist Folgendes: Er geht immer wieder in Machtkämpfe, die er nicht gewinnen kann. Er wendet sich emotional sehr stark zu und begibt sich in die Gefahr, sich vor dem Kind unglaubwürdig oder sogar lächerlich zu machen. Für das Kind ist die Folge eine komplette Unmöglichkeit psychischer Reifeentwicklung. Es verharrt in der frühkindlich-narzisstischen Phase, sein Weltbild ist so geprägt, dass es nicht zwischen Menschen und Gegenständen unterscheiden kann.

Diese Kurzdarstellungen der drei zentralen Beziehungsstörungen werden im Verlaufe dieses Buches noch einmal eingehender betrachtet werden und dabei immer wieder um Zusätze und nähere Beschreibungen ergänzt, um das Verständnis dessen zu erhöhen, um das es mir geht. Dazu gehört etwa die Beschreibung der unterschiedlichen Konzepte vom Kind, die in direkter Korrelation zu den Beziehungsstörungen stehen, vorher jedoch von mir noch nicht in dieser Deutlichkeit vorgestellt wurden.

Es geht mir mit der Analyse dieser Beziehungsstörungen im Übrigen nicht darum, ein apokalyptisches Szenario in die Welt zu setzen. Alle diese Beziehungsstörungen lassen sich aufheben, allerdings muss vorher verstanden werden, wieso es dazu kommt und welche spezifischen Merkmale darauf hinweisen, dass eine Störung vorliegt.

Es muss also etwas geschehen, denn: Lassen wir die Entwicklung unreflektiert so weiterlaufen, wie sie seit Jahren läuft, wird der Zusammenhalt und in letzter Konsequenz die reine Existenzfähigkeit der Gesellschaft in nicht allzu ferner Zukunft in Frage gestellt sein. Indes: Mit einer Diskussion, die sich ausschließlich um immer neue Erziehungsansätze und damit immer stärker um sich selbst dreht, kommen wir nicht weiter.

Es gibt Begriffe, bei denen jeder sofort zu wissen glaubt, was gemeint ist, doch wenn man genauer nachfragt, muss man feststellen, dass sich im Grunde unzählige Definitionen um die allein selig machende conclusio bewerben. Alle sprechen von solchen Begriffen und benutzen sie ganz selbstverständlich, doch versteht jeder etwas anderes darunter. Solch ein Begriff ist die »*Erziehung*«.

Scheint eine Begriffsdefinition schwierig und nicht eindeutig fassbar, empfiehlt sich in der Regel ein Blick ins Lexikon, am besten gleich in ein enzyklopädisch ausgerichtetes Werk.

Ein paar Worte vorweg

So meint der Brockhaus zum Stichwort Erziehung:
»*Unterstützung und Förderung des heranwachsenden Menschen, die ihn in seiner geistigen und charakterlichen Entwicklung befähigen soll, sich sozial zu verhalten und als selbstständiger Mensch eigenverantwortlich zu handeln.*«[1]

Und die Wikipedianer haben zusammengetragen:
»*Erziehung und erziehen (lt. Duden von ahd. irziohan = herausziehen) bedeutet, jemandes Geist und Charakter zu bilden und seine Entwicklung zu fördern. Im Allgemeinen versteht man unter Erziehung soziales Handeln, welches bestimmte Lernprozesse bewusst und absichtlich herbeiführen und unterstützen will, um relativ dauerhafte Veränderungen des Verhaltens zu erreichen, die bestimmten, vorher festgelegten, Erziehungszielen entsprechen. Allerdings ist dieser Erziehungsbegriff hierarchisch definiert, indem beteiligte Personen Erzieher oder Zögling sind. Deshalb wird der Begriff der Erziehung gern um die selbst organisierten Lernprozesse erweitert, man versteht Erziehung dann als spezifische Lernprozesse. Des Weiteren heißt Erziehung auch Sozialisationshilfe, Enkulturationshilfe und dient dem Aufbau der Persönlichkeit und der Ausbildung eines Individuums.*

Perspektive der modernen (westlichen) Erziehung ist die mündige, eigenständig handelnde und emanzipierte Person,

---

1. Der Brockhaus in drei Bänden. 3., völlig neu bearbeitete Auflage. Mannheim: Brockhaus 2004.

die ihr Leben gestalten und planen kann. Sie hat einen eigenen Lebensmittelpunkt, der Einflüsse und Reize verarbeitet und für seine eigene Lebensplanung nutzbar macht. Insofern sind die Ziele der Erziehung nach heutigem Verständnis individueller Kompetenzzuwachs, differenziertere Handlungsfähigkeit, letztlich Mündigkeit, Selbstbestimmtheit und Emanzipation.«[2]

Klingt gut? Stimmt. Diese beiden Definitionen sind sich vor allem in einem einig: Erziehung ist dazu da, mündige und selbstbestimmte Menschen hervorzubringen, die zu sozialer Interaktion befähigt sind, also friedlich mit anderen Menschen zusammenleben können. Wer wollte da widersprechen? Jeder vernünftige Mensch kann sich dieser Definition nur anschließen.

Was diese Definitionen von Erziehung jedoch aussparen, sind die Grundbedingungen ihres Funktionierens. Die Erziehung zum mündigen Menschen kann nämlich nur dann sinnvoll zur Anwendung gelangen, wenn das Kind oder der Jugendliche, dem die Erziehung zuteilwird, in der Lage ist, mit normalen zwischenmenschlichen Verhaltensweisen auf die Erziehungsmaßnahmen zu reagieren. Ist ihm diese Möglichkeit genommen, muss alle Erziehung zwangsläufig versagen. Pädagogische Konzepte, die diese Tatsache nicht berücksichtigen, sind das Papier nicht wert, auf dem sie gedruckt wurden.

Genau hier steckt die gegenwärtige Debatte in der Klemme.

---

2. http://de.wikipedia.org/wiki/Erziehung

Ein paar Worte vorweg

Werden Kinder verhaltensauffällig, benehmen sie sich nicht und sprengen letztlich jede Situation, in die sie hineinkommen, bricht sofort eine Diskussion los, die den Begriff der Erziehung einengt auf aktives, auf das Kind bezogenes Handeln des Erwachsenen. Dieser soll mit ganz bestimmten Mitteln erreichen können, dass ein Kind ein Fehlverhalten aufgibt. Eine solche Diskussion endet dann meist irgendwann in fruchtlosen Debatten über das Für und Wider von autoritären oder antiautoritären Methoden – und am Schluss wundern sich alle, warum weder das eine noch das andere den gewünschten Erfolg bringt.

Den gegenwärtigen Stand von Elternschaft und Erziehung hat jüngst eine Studie der Konrad-Adenauer-Stiftung mit dem sprechenden Titel »Eltern unter Druck« aufgezeigt.
Darin heißt es etwa:
»Wohl noch nie gab es so viele reflektierende, bewusst erziehende und in ihrer Erziehung selbstkritische Eltern, die alles darauf ausrichten, dass ihr Kind kein Schaden nimmt, und die es gezielt fördern. Eltern treten ihrem Kind gegenüber nicht mehr als distanzierte Autoritätsperson auf. Im Erziehungsverhältnis wird das Kind als Persönlichkeit mit eigenen Wünschen, Bedürfnissen und Rechten akzeptiert. Diese Wertschätzung der Persönlichkeit des Kindes zeigen Eltern heute in einem so genannten autoritativen Erziehungsstil. [...] Eltern versuchen, sich in die Perspektive des Kindes zu versetzen. [...] Damit können nicht alle Eltern gleichermaßen gut umge-

hen. Vor allem dann kommt es zu einem erhöhten Erziehungsdruck, wenn Eltern vom Verlust des Arbeitsplatzes betroffen sind und/oder Kinder massive Bildungsdefizite aufweisen. Angesichts des zunehmenden Konsums der Kinder, des selbstverständlich gewordenen Medienumgangs von Kindern und Jugendlichen sind Eltern in ihren Erziehungsaufgaben täglich gefordert.«[3]

In diesem kurzen Abschnitt ist im Grunde das ganze Dilemma enthalten. Ähnlich wie bei den Definitionen von Erziehung in den Lexika ist auch diese Feststellung der Studie weitgehend konsensfähig. Akzeptanz des Kindes, Eingehen auf seine Wünsche und Bedürfnisse haben sich gegenüber ausschließlich autoritär ausgerichteten Erziehungsstilen stark verbessert. In dieser Hinsicht wird heute modern gedacht. Und genau hier liegt der Hase im Pfeffer.

Die Fähigkeit des Menschen, problemlos mit seinen Mitmenschen umgehen zu können, Beziehungen leben und seinen Lebensunterhalt durch Arbeit verdienen zu können, ist nämlich keine Frage der Erziehung – davon zu sprechen wäre als Kinderpsychiater auch gar nicht meine Aufgabe –, es ist vielmehr eine Frage der *Entwicklung*. Ich befasse mich ausschließlich mit der *Psyche* von Kindern und Jugendli-

---

3. Merkle, Tanja; Wippermann, Carsten: Eltern unter Druck. Selbstverständnisse, Befindlichkeiten und Bedürfnisse von Eltern in verschiedenen Lebenswelten. Eine sozialwissenschaftliche Untersuchung von Sinus Sociovision GmbH im Auftrag der Konrad-Adenauer-Stiftung e.V. Stuttgart: Lucius & Lucius 2008. S. 15.

chen, und diese lässt sich nicht erziehen, sondern sie muss sich entwickeln. Genauer gesagt: Sie muss entwickelt werden, denn ohne das erwachsene Gegenüber hat kein Kind die Chance auf eine einigermaßen gesunde psychische Reifeentwicklung.

Die Erkenntnis, dass die elterliche Aufgabe vor allem darin besteht, die Reifeentwicklung des Nachwuchses voranzutreiben, ist vor dem Hintergrund der modernen Erziehungskonzepte die entscheidende Stellschraube für Eltern im Umgang mit ihren Kindern. Eltern müssen psychische Funktionen wie Frustrationstoleranz, Gewissensbildung etc. immer wieder einüben. Sie müssen beispielsweise auch dem Kind einen angemessenen Aggressionsabbau ermöglichen, da das Kind dies noch nicht von alleine leisten kann. Nur so kann das grundsätzliche Ziel, das alle Eltern einen muss, erreicht werden: Aus natürlicherweise narzisstischen Kleinkindern können beziehungsfähige Wesen heranwachsen, die in vergleichbarer Weise zu uns heutigen Erwachsenen in der Welt zurechtkommen können. Darauf aufbauend ist dann etwa die Wertevermittlung ein wichtiges Erziehungsziel. Es ist also grundsätzlich weit umfassender, sich mit diesem Reifeprozess zu befassen, als strikte Regelwerke zu erstellen, die unbedingt durchgesetzt werden müssen.

Erziehung im Sinne des Beibringens von Regeln ist natürlich nicht obsolet, sie ist unbedingt notwendig. Insofern soll an dieser Stelle auch gar kein künstlicher Gegensatz zwischen den Polen Reifeentwicklung und Erziehung zu einem regelkonformen Verhalten aufgebaut werden. Diese Erziehung kann gleichwohl überhaupt erst auf dem Boden der gesunden Entwicklung des Kindes und des Jugendlichen greifen. Bei der Vielzahl an psychisch unreifen Kindern, die wir heute zu beklagen haben, laufen all diese erzieherischen Ansätze, so gut sie auch gemeint sein mögen, ins Leere, weil es den Kindern an der Möglichkeit mangelt, überhaupt Unterweisungen anderer Personen annehmen zu können.

Die hier angesprochene Reifeentwicklung geschieht ausschließlich über die *Beziehungsebene.* Das Kind lebt ständig in unterschiedlichen Beziehungen zu Erwachsenen. Man nennt diese schließlich nicht umsonst *Bezugs*personen. Der Begriff der Beziehung ist nun ein wechselseitiger. Ich wirke als Erwachsener in der Beziehung auf das Kind ein, das Kind wiederum wirkt auf mich zurück. Es ist ein stetes Wechselspiel, welches im Normalfall die Entwicklung des Kindes in eine positive Richtung beeinflusst, ihm nämlich mit steigendem Alter immer deutlicher macht, dass es sich in einer Gesellschaft befindet, in der das ganze Leben ausschließlich aus Beziehungen und Interaktionen mit anderen Menschen besteht.

Die ersten Bezugspersonen sind natürlicherweise die Eltern, dann kommen Menschen aus dem familiären Umfeld hinzu, hier sind vor allem die Großeltern zu nennen, die oft sehr wichtig für die Entwicklung von Kindern sind. Sehr bald treten dann auch Personen von außen auf den Plan, vor allem Erzieher und Lehrer, die direkten Einfluss auf die psychische Reifeentwicklung der ihnen anvertrauten Kinder haben. Nur wenn das Kind in diesen Beziehungen als Kind gesehen wird, ist es später als Erwachsener in der Lage, selbst problemlos Beziehungen zu anderen Erwachsenen zu gestalten, sei es im Berufs-, sei es im Privatleben.

Erziehung im heutigen Sinne, also das Vermitteln von Regeln des Zusammenlebens, kann nur dann funktionieren, wenn diese Regelvermittlung vom Kind wahrgenommen werden kann, weil es den erziehenden Erwachsenen als ein ihn steuerndes Gegenüber sieht.

Man sollte sich vor Augen halten, dass ohnehin das Einbauen von Regeln seitens der Eltern nur ein kleiner Teil ihrer Aufgabe ist. Wer diesen Teil überschätzt, kann eigentlich nur noch mit autoritären Mitteln seine Erziehungsstrategie durchsetzen und Kinder zu lediglich angepassten Menschen ohne große Eigeninitiative machen. Der weit größere Teil der Aufgabe von Eltern ist nach wie vor die Begleitung der psychischen Reifeentwicklung.

Wenn diese Aufgabe als wirklich umfassend gesehen wird, ermöglichen wir es dem Kind, als Erwachsener später einmal in zu uns vergleichbarer Weise leben zu können. Wichtig ist dabei beispielsweise, dass das Kind die Reaktionen der Eltern auf dem Boden der Beziehung Vater-Kind oder Mutter-Kind mit *Affekt* begleitet erlebt. Das bedeutet: Macht das Kind etwas Positives, Gutes, freue ich mich deutlich erkennbar. Zeigt es ein Fehlverhalten, macht etwas Falsches, ärgere ich mich ebenso erkennbar (nein, damit ist nicht Rumbrüllen oder das Androhen von Strafen gemeint!). Diese Reaktionen können nur auf dem Boden der Intuition wirklich geleistet werden, sie sind nicht das Produkt von Überlegungen.

Dabei ist es auch klar, dass bei kleinen Kindern zum Teil völlig andere Vorgehensweisen erforderlich sind als bei älteren Kindern. Kleinkinder brauchen beispielsweise unbedingt eine Begleitung des Affektes mit Worten. So wäre es wichtig, häufig zu sagen: »Ich freue mich, dass du das so gut gemacht hast!« bzw. »Das war nicht schön von dir und ärgert mich wirklich!« Indem das Kind meine Reaktionen auf dieser von Affekt begleiteten Ebene erfährt, bekommt es unter anderem das Gefühl für zentrale Begriffe wie »richtig« und »falsch«.

Wenn man sich beispielsweise überlegt, warum wir als Erwachsene nicht stehlen, so wird man verstehen, was ich mit meinen Ausführungen meine. Stehlen wir deshalb nicht, weil es ein Strafgesetzbuch gibt, welches dieses Verhalten mit Strafandrohung belegt? Anders gefragt: Hat der Staat uns erzogen und die Regel eingebaut, dass Stehlen böse Folgen haben wird? Wohl kaum. Dass wir nicht stehlen, hat damit zu tun, dass wir durch das Verhalten unserer nächsten Umwelt eine Sicherheit in der Beurteilung der Situation haben, in der das Stehlen eine prinzipielle Option sein könnte. Steht also das Fenster beim Nachbarn offen, und ich sehe ein wertvolles Schmuckstück auf dem Tisch liegen, werde ich es nicht nehmen, weil ich mir sicher sein kann, dass dieses Verhalten falsch ist. Die Sanktion, die das Gesetz mir auferlegen würde, wenn ich das Schmuckstück nehme und mich erwischen lasse, ist sekundär. Sie zielt auf die Beurteilung eines Verhaltens ab, das bereits, durch welche Ursache auch immer, gestört ist. Es muss also für ein solches Fehlverhalten die Möglichkeit einer Sanktion geben. Bei einer funktionierenden Gewissensinstanz ist diese jedoch nicht der Grund dafür, dass ich das Fehlverhalten nicht an den Tag lege. Eine solche moralische Instanz bildet sich beim Kind über viele Jahre hinweg, in denen es immer wieder die mit Gefühl betonten Reaktionen seiner Eltern auf der Beziehungsebene erlebt. Dies ist seitens der Eltern nur dann zu leisten, wenn sie das Kind als Kind sehen. In der Folge wäre ein rein verstandesmäßiges Abwägen auf Kindesseite (Werde ich bestraft? Wie hart ist die Strafe?) in vielen Situationen gar nicht vorhanden.

Indem ein Kind seine Eltern auf der Beziehungsebene erlebt und dabei ein Gefühl für ein angemessenes Verhalten innerhalb der Gesellschaft entwickelt, wird zugleich die psychische Reifeentwicklung vorangetrieben. Dieser Vorgang darf allerdings nicht mit dem klassischen *Vorbildbegriff* umschrieben bzw. verwechselt werden. Die positive Vorbildfunktion der Eltern, welche die Kinder zur Nachahmung auffordern soll, führt selbst nicht zu einer psychischen Reifeentwicklung. Vielmehr ist ein gewisser Reifegrad erst Voraussetzung, damit das (elterliche) Gegenüber überhaupt vom Kind als Vorbild wahrgenommen werden kann. Lernen am Vorbild bzw. über eine Vorbildfunktion ist somit alleine nicht möglich. Das würde ja bedeuten, dass das Kind sich nur durch das Nachahmen von Handlungen entwickeln könnte. Das Kind entwickelt jedoch die Sicherheit eines Gefühls für »richtig« und »falsch« über die annehmende Spiegelung des Erwachsenen, also durch die emotionale Begleitung seiner Handlungen, wie ich es bereits beschrieben habe (»Ich freue mich« bzw. »Ich ärgere mich«).

Woran kann ich mich orientieren?
Entwicklungsstufen des Kindes

Da ich viel von Entwicklungsstörungen spreche, bin ich immer wieder danach gefragt worden, die normalen Entwicklungsstufen des Kindes zu benennen, um eine bessere Orientierung für Eltern, aber auch für andere Erwachsene im Kindesumfeld zu erzielen. Dazu möchte ich ganz grundsätzlich vorabschicken, dass eine solche Benennung von Entwicklungsstufen ihren Sinn, aber auch ihre Gefahr hat. Auf keinen Fall dürfen sich Eltern an einer auf Tage oder Wochen genau festgelegten Entwicklungsstruktur ihres Kindes festhalten. Gerade Eltern aus einem aufgeklärten, intellektuellen Milieu neigen dazu, sich viel Wissen um die einzelnen Stufen kindlichen Werdens anzueignen und dann zum jeweiligen Zeitpunkt mit steigender Nervosität darauf zu warten, dass ihr Kind diese Stufen auch wirklich nimmt. Vor allem in der Mittelschicht ist der Erziehungsdruck, der von

Ein paar Worte vorweg

außen auf Eltern ausgeübt wird, häufig enorm und umfasst dabei eben auch eine »regelkonforme« Entwicklung der Kinder. Man möchte sich nicht vor den anderen Eltern in der Krabbelgruppe, im Kindergarten oder in der Grundschule als schlechte Eltern bloßgestellt wissen, weil das eigene Kind hinter den Erwartungen und Normen zurückbleibt.

Diese Auffassung von der Begleitung kindlicher Entwicklung ist fatal, führt sie doch zu einem immer verkrampfteren Umgang mit dem Kind. Daher sind die folgenden Anmerkungen zur kindlichen Entwicklung als Anhaltspunkte zu verstehen, die eine grobe Orientierung geben können, wenn darüber nachgedacht wird, ob ein Kind eine altersgemäße Entwicklung genommen hat oder bedenkliche Verzögerungen aufweist.

Bei allen Beobachtungen der Entwicklung eines Kindes ist immer die Tatsache im Hinterkopf zu behalten, dass die motorische und die seelische Entwicklung niemals voneinander zu trennen, sondern im Gegenteil eng verknüpft und sich gegenseitig beeinflussend sind. Das bedeutet, dass der Übergang vom Liegen zum Krabbeln und schließlich zum Laufen zwar vordergründig motorischer Natur zu sein scheint, darüber hinaus aber das Weltbild des Kindes und damit seine psychische Entwicklung ganz entscheidend mit beeinflusst.

Der Säugling lebt im Paradies. Er darf mit voller Berechtigung die sofortige Befriedigung seiner Bedürfnisse erwarten und braucht dazu nur eine einzige automatische Vorgehensweise, um diese Befriedigung herbeizuführen: Er schreit. Bis zum Alter von etwa zehn Monaten ist das die einzig mögliche Ausdrucksform für ein Kind, erst dann entwickelt sich ganz zart die Fähigkeit, kurzfristige Frustration auszuhalten, ohne dabei einen psychischen Schaden zu erleiden. Das Kind hat zu diesem Zeitpunkt in der Regel auch seine motorischen Fähigkeiten bereits ordentlich erweitert: Es hat gelernt, sich vom Rücken auf den Bauch zu drehen, es krabbelt, vielleicht zieht es sich sogar schon an Gegenständen hoch. Die Bandbreite dessen, was im motorischen Bereich exakt zu diesem Alter passiert, ist – wie bereits angedeutet – sehr groß. Wichtig ist aber, und hier kommt die psychische Entwicklung mit ins Spiel, dass das Kind lernt, seinen Aktionsradius deutlich zu erweitern und seine Umgebung zu erkunden. Gegenstände werden jetzt in ihrer Funktion wahrgenommen, weil sie sich dem kindlichen Willen beugen; der Stuhl, der im Weg steht, kann geschoben werden und wehrt sich nicht. Eine Mutter jedoch, die sich von ihrem einjährigen Sohn auch mal für einen kurzen Moment nicht steuern lässt, legt damit den Grundstein für die psychische Entwicklung des Kindes hin zur Unterscheidung zwischen Gegenstand und Mensch.

Ich möchte an dieser Stelle betonen, dass es sich dabei um eine normal intuitive Verhaltensweise der Mutter handelt, nicht um einen aktiv gelernten und umgesetzten Prozess. Es geht also nicht um das viel zitierte und zu Recht kritisierte »Warten und Zählen« vor der Tür, bis man zum Kind hineingeht, das eine Zeit lang gern empfohlen wurde, um

Ein paar Worte vorweg

Kindern Geduld anzutrainieren. Sondern es ist eine intuitiv gelenkte Reaktion der Mutter, die ihr Kind in Beobachtung hat und spürt, dass ihm nichts Wichtiges fehlt, und nicht sofort jede Handlung unterbricht, wenn der Einjährige sich meldet. Die Mutter in der Intuition verlässt sich auf ihr Gespür und wird mal so, mal so reagieren. Sie handelt aus sich heraus, somit gibt es kein richtiges oder falsches Verhalten. Beim Kind beginnt nun die Wahrnehmung der Mutter und anderer Menschen als Gegenüber, es bildet sich nach und nach das, was ich als »Nervenzelle Mensch« bezeichne.

Trotzdem wird das Kind bis etwa zum Alter von zweieinhalb Jahren in einer Phase verbleiben, in der es respektlos gegenüber seiner menschlichen Umwelt ist, da es sich alleine auf der Welt wähnt. Diese Form des frühkindlichen Narzissmus' ist normal und kann auch durch äußere Beeinflussungsversuche nicht unterbunden werden. Zwar können Kinder ab einem Alter von etwa einem Jahr zu bestimmten, scheinbar höflichen Handlungen wie »winke-winke-Machen« o. Ä. angehalten werden, jedoch ist es ausgeschlossen, dass das Kind mit dieser Tätigkeit psychisch bereits eine Handlung verbindet, die mit sozialer Einordnung zu tun hat. Es handelt sich um ritualisierte Handlungen.

Im Alter von zweieinhalb Jahren würde sich bei einer gesunden Reifeentwicklung des Kindes nach und nach die frühkindlich-narzisstische Phase abschließen, das Kind lernt nun, seine Umgebung in »Ich« und »Andere« zu unterteilen. Interessanterweise läuft diese Entwicklung parallel zur

Sauberkeitsentwicklung des Kindes, die normalerweise bei den meisten Kindern ebenfalls um den 30. Lebensmonat herum ihren Abschluss findet. Man kann von einer klassischen Sauberkeits-Erziehung kaum reden, da es hier wenig zu erziehen gibt. Studien haben belegt, dass Kinder, die bewusst aufs Trockenwerden trainiert wurden, im Schnitt im gleichen Alter trocken wurden wie Kinder, bei denen diese Entwicklung weitgehend unbeeinflusst durch aktive Bemühungen vonstattenging. In dem Maße also, wie das Kind lernt, zwischen sich und seiner Umwelt zu unterscheiden, in dem Maße kann es auch seine Ausscheidungen kontrollieren und in der Toilette entsorgen. Dieser Vorgang geschieht dabei genau wie andere Verhaltensweisen über die Beziehung zu den Eltern und ist kein Produkt aktiver Erziehungsbemühungen. Aus tiefenpsychologischer Sicht ist der Gang zur Toilette als Geschenk an die Mutter/den Vater zu interpretieren, weil das Kind eben *für* die Eltern diese Aktion ausführt. Aus diesem Grunde ist es auch wichtig, Kinder dafür mit deutlich ausgedrückter Freude zu belohnen, sie also wiederum mit Affekt in ihrer Entwicklung zu begleiten. Das Kind fühlt dann, dass es etwas richtig gemacht hat, und wird keine Probleme haben, diese Entwicklung zu perfektionieren.

Kinder zwischen zwei und drei Jahren sind in der so genannten Trotzphase. Trotz ist ein normaler Entwicklungsschritt auf dem Weg zur Selbstbildung des Kindes, also der Unterscheidung zwischen sich und dem Gegenüber. Es erlebt in dieser Phase, dass es sich und seine Körperfunktio-

Ein paar Worte vorweg

nen bestimmt, so wie eben beim Toilettengang beschrieben. So entscheidet es etwa auch, ob, wie, wann und was es redet. Hat es in dieser Zeit Eltern als Gegenüber, die in sich ruhen und das Kind als Kind sehen und sich damit in Konflikten besonnen verhalten, ohne sie mit dem Kind auszudiskutieren, und die ihren persönlichen Wert auch nicht von der Zuwendung ihres Kindes abhängig fühlen, wird es die Trotzphase mit der Zeit ablegen. Es lernt Frustration auszuhalten und sich sozial einzuordnen. Wichtig ist dabei immer, dass Konflikte von den Eltern annehmend und mit viel Geduld und Nachsicht geführt werden. Das Kind würde dabei auch erleben, dass es bisweilen abwarten muss, und es würde dahin kommen, unterscheiden zu können, was geht und was nicht. Durch diese Erfahrung verändert sich das Weltbild des kleinen Kindes, das vor allem darin besteht, möglichst schnelle Bedürfnisbefriedigung zu erfahren. Während diese beim Säugling noch sofort erfolgen muss, kann das anderthalbjährige Kind auch schon mal einen Moment abwarten; es lebt allerdings auch in diesem Alter noch in der Vorstellung, Bedürfnisse sollten ohne Wenn und Aber erfüllt werden. Das ist also in dieser Zeit eine vollkommen normale Entwicklungsstufe, die durch richtiges Verhalten der Eltern dann langsam zum Abschluss gebracht würde.

Im Alter von drei Jahren ist die so genannte Selbstbildung bei einer gesunden Entwicklung abgeschlossen, d.h. ganz konkret: Das Kind kann jetzt zwischen sich und seinem Gegenüber unterscheiden. Im Verhältnis zu den Eltern bedeutet das, dass ein Kind fehlerhaftes oder freches Verhalten im Regelfall einstellen würde, sobald Vater oder Mutter ihr Missfallen darüber kundtun. Die Eltern würden als externe Person erkannt, die etwas zu sagen haben. Mit einem heute altertümlich anmutenden Ausdruck würde man sagen: Dieses Kind hört, beginnend. Und dieses »Hören« hat nichts mit Erziehung zu blindem Befehlsempfängergehorsam zu tun, sondern ermöglicht es dem Kind, problemlos die nächsten Schritte im Leben zu nehmen. Im konkreten Fall heißt das: Das dreijährige Kind ist im Kindergartenalter, es erkennt, dass die Erzieherinnen ihm etwas zu sagen haben, und kann sich entsprechend normal in seine Gruppe einordnen.

Bis zum Alter von fünf Jahren nimmt vor allem die Fähigkeit zu, anhaltend aus Konflikten zu lernen. Das Kind hat bei gesunder Entwicklung nun zu einer tiefen Beziehungsfähigkeit gefunden, die sich im Alltag an vielen Stellen bemerkbar macht. So würde ein Fünfjähriger beispielsweise für die Eltern Dinge wegräumen oder eine Verpackung in den Mülleimer werfen. Er tut dies über die Beziehung zu Vater und Mutter, nicht weil er versteht, dass es stört, wenn Dinge im Weg stehen oder dass Müll weggeworfen werden muss. Mit fünf Jahren kann das Kind auch Regeln übernehmen, was etwa für das Zurechtkommen im Kindergarten eine wichtige Rolle spielt. Es erkennt zudem wiederkehrende Abläufe und verschafft sich damit Sicherheit.

Einen tiefen Einschnitt im Leben eines Kindes stellt mit Sicherheit die Einschulung dar. Mit sechs Jahren ist es in der

Ein paar Worte vorweg

Regel so weit, dass die Schulfähigkeit vorhanden ist. Auch hier läuft wieder alles über die Beziehung, das bedeutet, das Kind geht *für* seine Eltern in die Schule, nicht, weil es in die Zukunft blicken und die Notwendigkeit von Schulbildung erkennen könnte. Die Eltern haben somit auch Einfluss auf das Sozial- und Leistungsverhalten ihres Kindes, ebenso wie ein Lehrer. Auch diesem ist ein gesund entwickelter Schüler über die Beziehung zugetan, er lernt also *für* den Lehrer und macht viele Dinge ihm zuliebe. »Non vitae sed praeceptori discimus«, »nicht für das Leben, sondern für den Lehrer lernen wir« müsste das bekannte Sprichwort also in diesem Alter heißen. Der ursprüngliche Wortlaut gilt erst auf einer höheren Altersstufe.

Ab sechs Jahren ist das Kind in einem noch höheren Maße fähig, Regeln zu akzeptieren und zu übernehmen, schon bald macht es sich viele davon zu eigen, es »internalisiert« sie. Der Sinn von Regeln muss damit nicht stets hinterfragt werden, ihr Einhalten erfolgt oft automatisch, unerlässlich für reibungslose Abläufe im späteren Leben.

Beim Lernen selbst steht in diesem jungen Alter das soziale Lernen im Vordergrund. Es geht also etwa um die Kulturtechniken Lesen, Schreiben und Rechnen oder auch um Abläufe in der Gesellschaft, beispielsweise in der Natur oder in Berufen.

Diese Dinge werden über die Jahre hinweg intensiviert, das Kind wird mit der Zeit selbstständiger, kann in mehr Dinge einbezogen werden, und der Erwachsene kann zu-

Woran kann ich mich orientieren?

nehmend eine modernere Denkweise in Richtung Partnerschaftlichkeit zur Grundlage des Umgangs miteinander machen. Dabei bleibt jedoch der Erwachsene stets strukturierend und helfend auf das Kind bezogen präsent.

Etwa ab dem 14. Lebensjahr ist es Jugendlichen möglich, Fehler und Schwachpunkte bei anderen Menschen zu erkennen. Sie merken jetzt genau, wenn Mitschüler, Freunde oder Lehrer sich falsch verhalten. Ab 15 gilt das ebenfalls im Bezug auf die eigenen Eltern, und erst mit 16 Jahren erkennt der Jugendliche diese Fehler auch bei sich selbst. Ab diesem Zeitpunkt dreht sich der oben in Abwandlung zitierte lateinische Spruch wieder auf seinen ursprünglichen Wortlaut. Denn nun lernt der Schüler tatsächlich für sich, er kann perspektivisch denken und die Auswirkungen seiner schulischen Leistungen auf eine spätere Berufskarriere realistisch einschätzen.

Die soeben beschriebenen Altersstufen kann man sich gut vor Augen halten, wenn es um das Thema Eigenverantwortlichkeit geht. Erst ungefähr ab dem 15. Lebensjahr kann ein Mensch voll für sein Handeln haftbar gemacht werden, nicht von ungefähr setzt das Strafrecht die Strafmündigkeit bei 14 Jahren an. So ist jetzt die Möglichkeit da, Gefahren wirklich zu erkennen, etwa im Straßenverkehr oder – ganz wichtig – bei Suchtgefahren, was für den Umgang mit Alkohol, Zigaretten oder Computerspielen eine entscheidende Erkenntnis ist. Auch die Körperhygiene wird erst in diesem Alter komplett automatisch behandelt. Auch wenn es unglaublich klingt: Erst mit ca. 14 oder 15 Jahren können die meisten Menschen sich »richtig«, nämlich automatisiert und ohne Kontrollnotwendigkeit, die Zähne putzen oder duschen.

Berücksichtigt man, dass es selbstverständlich immer Kinder und Jugendliche gibt, die altersmäßig früher oder später dran sind und trotzdem noch im normalen Rahmen liegen, lässt sich sagen, dass spätestens mit etwa 20 Jahren die psychische Reifeentwicklung abgeschlossen ist. Es ist daher im Zusammenhang mit den von mir analysierten Störungen in diesem Bereich wichtig, diese früh zu erkennen, damit die Möglichkeit des Nachreifens gegeben ist. Bereits bei einem Sechzehnjährigen ist ein Nachreifen fast ausgeschlossen. Allerdings nur fast, wie ich später an einem außergewöhnlichen Beispiel zeigen werde.

Exkurs: Der Kindheitsbegriff im Wandel der Zeiten

»Glücklich, wer kein Kind hat. Denn kleine Kinder sind nur Geschrei und Gestank, Mühe und Sorge. [...] Nichts als Mühe und Verdruss, kein Glück vergilt die Sorgen, Anstrengungen und Kosten der Erziehung.« Unschwer zu erkennen, dass der französische Lyriker Eustache Deschamps kein Kinderfreund war. Deschamps lebte allerdings auch im 14. Jahrhundert und hatte offensichtlich ein ganz bestimmtes Konzept von Kindheit und Kindern, das für seine Zeit nicht ungewöhnlich gewesen sein mag.

Exkurs: Der Kindheitsbegriff im Wandel der Zeiten

Es kann zum Verständnis meiner Thesen nur beitragen, wenn wir einen kurzen Augenblick darauf verwenden, uns damit auseinanderzusetzen, wie der Begriff von Kindheit sich bis in die heutige Zeit gewandelt hat. Es ist falsch anzunehmen, dass Kindheit immer schon das bedeutet hat, was wir uns heute darunter vorstellen. Es hat eine Zeit gegeben, in der sich diese Phase auf das noch hilflose Baby beschränkte, während das Kind im Anschluss daran sofort zu einem produktiven, also quasi »erwachsenen« Mitglied der Gesellschaft zu werden hatte.

Philippe Ariès beschreibt das in seinem Klassiker »Geschichte der Kindheit« für die Periode des Mittelalters folgendermaßen:

»Die Dauer der Kindheit war auf das zarteste Kindesalter beschränkt, d. h. auf die Periode, wo das kleine Wesen nicht ohne fremde Hilfe auskommen kann; das Kind wurde also, kaum dass es sich physisch zurechtfinden konnte, übergangslos zu den Erwachsenen gezählt, es teilte ihre Arbeit und ihre Spiele. Vom sehr kleinen Kind wurde es sofort zum jungen Menschen, ohne die Etappen der Jugend zu durchlaufen, die möglicherweise vor dem Mittelalter Geltung hatten und zu wesentlichen Aspekten der hochentwickelten Gesellschaften von heute geworden sind.«[4]

---

4. Ariès, Philippe: Geschichte der Kindheit. Mit einem Vorwort von Hartmut von Hentig. 15. Auflage. München: dtv 2003. S. 46.

Ein paar Worte vorweg

Kindheit erscheint also hier nicht als lang anhaltende Lebensphase, in welcher der Mensch relativ unberührt von den Anforderungen des praktischen Lebens sich zunächst einmal selbst finden und entwickeln kann. Kinder werden vielmehr, sobald sie physisch dazu in der Lage sind, zur Arbeit herangezogen. Sie kommen in ein Lehrverhältnis zu den Erwachsenen, in dem sie ohne Umschweife erlernen, was es bedeutet, für den Erhalt der Gesellschaft sorgen zu müssen. Aus dem Krabbelalter wird der Mensch direkt ins Erwachsenendasein hinein katapultiert, Kinder sind kleine Erwachsene, allerdings in einem ganz anderen Sinne als heute. Die bildende Kunst trägt diesem Phänomen Rechnung, indem sie Kinder auf Gemälden schlicht als zu klein geratene Erwachsene darstellt.[5] Typische Züge von Kindlichkeit künstlerisch zu verarbeiten, war für diese Künstler nicht das Thema ihrer Arbeit.

Was bedeutet das letztlich für den Kindheitsbegriff? Es gab ihn in einer auch nur annähernd der heutigen entsprechenden Bedeutung einfach nicht. Ein Kind war damals so viel wert, wie es seiner Arbeitskraft für den Erhalt der Sozialgemeinschaft entsprach. Auf Grund der enorm hohen Kindersterblichkeit bedeutete auch der Tod eines Kindes nicht das Gleiche wie heute. Man setzte Kinder in die Welt, solange die Frau fruchtbar war, und man verlor sie mitunter ebenso häufig. Der Verlust eines Kindes wurde daher als

---

5. Vgl.: Ebd. S. 92f.

eher beiläufig und als etwas ganz Natürliches wahrgenommen, und zwar durch alle Gesellschaftsschichten hinweg, wie man beispielsweise bei Montaigne nachlesen kann, der ohne großes Bedauern davon berichtet, dass ihm mehrere Kinder im Säuglingsalter gestorben seien.[6]

Kindheit ist hier häufig eher ein ökonomischer Faktor als ein emotionales Phänomen, sie stellte im menschlichen Zusammenleben keinen eigenen ideellen Wert dar.

Diese Betrachtungsweise änderte sich im Laufe der Jahrhunderte ganz entscheidend und ist untrennbar mit dem Bedeutungswandel der Familie verbunden. Familie war in frühen Gesellschaften zunächst einmal ein Zweckverband zwischen Mann und Frau, um gemeinsam ökonomisch überleben zu können. Entsprechend funktional war auch die Sichtweise auf Kinder, die dieser familiären Verbindung entsprangen. Gefühle waren in diesem sozialen Gefüge zwar nicht unwillkommen, konnten jedoch nicht als notwendige Voraussetzung für das Eingehen solcher Gemeinschaften gelten. Emotionale Bindungen wurden stärker im gesellschaftlichen Zusammenleben gesucht und gefunden, in diesem Rahmen liefen dann auch die Kinder als gleichberechtigte Teilnehmer mit.

Spätestens mit dem Ende des 19. Jahrhunderts hat sich indes ein radikaler Funktionswandel des Systems Familie

---

6. Montaigne, Michel de: Essais. Erste moderne Gesamtübersetzung von Hans Stilett. Frankfurt/M.: Eichborn 1998. S. 192ff.

vollzogen. Kinder verblieben nun innerhalb der Familie, an die Stelle des früheren Lehrverhältnisses, welches die Kinder sofort ins Leben warf, trat die schulische Ausbildung, welche sie vom wahren Leben zunächst einmal fernhielt. Gleichzeitig mit der vor allem durch die Kirchen geförderten steigenden Wichtigkeit schulischer Bildung wird die Familie zu einem Ort, an dem emotionale Verbundenheit herrscht. Kinder rücken nun in den Mittelpunkt des Interesses ihrer Eltern, auf ihre Erziehung wird, insbesondere auf Grund der Ausbreitung des Bürgertums, großes Gewicht gelegt, ihre Bedeutung für das familiäre Leben ist plötzlich immens.

Zeitgleich entwickeln sich auch die Rollenbilder innerhalb der Familie, die der Mutter die Funktion zuweisen, sich um die Kinder und das häusliche Glück zu kümmern, während der Vater die Verantwortung für die Ernährung der ganzen Familie übernimmt. Aus dieser zunächst einmal funktionalen Struktur entsteht ein patriarchalisches System, welches die Ungleichbehandlung der Geschlechter für lange Zeit zementiert. Erst die Abschaffung dieser hierarchischen Denkweise im Zuge der 68er-Umwälzungen sorgt hier für Abhilfe.

Sowohl der Rückgang der Kindersterblichkeit, welcher es unnötig machte, ständig für weiteren Nachwuchs zu sorgen (ohnehin wurden Kinder aufgrund der staatlich organisierten Sozialversicherungen schon längst nicht mehr als private Altersvorsorge betrachtet), als auch die Erfindung der

Antibabypille, mit deren Hilfe man sich bewusst für ein Leben ohne bzw. mit einer selbst bestimmten Anzahl an Kindern entscheiden konnte, trugen letztlich dazu bei, dass dem einzelnen Kind ein höherer Stellenwert und wesentlich mehr Aufmerksamkeit als je zuvor zugebilligt wurde.

Diese historische Entwicklung hat sich bis in die heutige Zeit fortgesetzt, und sie spielt keine kleine Rolle bei meiner Analyse familiärer und gesellschaftlicher Systeme, wie wir sie derzeit vorfinden.

Früher gab es also keine Kindheit im heutigen Sinne, das 19. Jahrhundert erfand sie schließlich und im zwanzigsten wurde sie ständig neu definiert. Dass wir heute, wie es der Untertitel meines ersten Buches besagt, wieder zu der Gefahr einer »Abschaffung der Kindheit« gekommen sind, ist eine tragische Entwicklung unserer hoch entwickelten Gesellschaft, die in seltsamer Analogie zu den Ausführungen über frühe Gesellschaften wieder dazu gekommen ist, alles, auch ihre menschlichen Glieder einschließlich der Kinder, vor allem zweckrational zu sehen, also nach ihrem Nutzen. Allerdings geht es nicht mehr länger um ökonomischen Nutzen, sondern im Rahmen der Beziehungsstörungen eben besonders um emotionalen Nutzen. Das ist der Grund, warum ich von einem emotionalen Missbrauch unserer Kinder spreche, wenn Erwachsene von ihnen geliebt werden wollen oder psychisch mit ihnen verschmelzen.

Eben deshalb sehe ich hinsichtlich des Kindheitsbegriffes einen erheblichen Reflexionsbedarf, da dieser emoti-

Ein paar Worte vorweg

onale Missbrauch von der Gesellschaft ja nicht bewusst gewollt ist. Diese Reflexion würde klar zu Tage fördern, dass Kindheit heute weitgehend nur noch als romantische Vorstellung in unseren Köpfen existiert, während das, was sich eigentlich im positivsten Sinne damit verbinden sollte, verloren gegangen ist.

Mitten aus dem Leben: Aufräumen

»Räum dein Zimmer auf, bevor es Abendessen gibt!« Ein Satz, den Generationen von Kindern hassen gelernt haben. Viel besser wäre es doch, einfach alles in der Gegend herumliegen zu lassen, man braucht es ja ohnehin am nächsten Tag wieder …

Nun ist nicht nur nach Meinung von Disziplinfanatikern Ordnung das halbe Leben, sondern für jeden Menschen einigermaßen hilfreich, wenn er im Alltag nicht allzu viel Zeit mit Suchen verschwenden möchte.

Sie können ihrem Siebenjährigen das natürlich so erklären. Dass er aufräumen sollte, weil er dann bestimmte Lieblingsspielsachen schneller wieder zur Hand hat und weil man einfach besser durchs Zimmer durchkommt, wenn es auf dem Boden freie Stellen gibt. Der Siebenjährige wird in der Regel darauf reagieren, indem er mit ihnen in harte Verhandlungen einsteigt, welche Sachen weggeräumt werden, welche aus ganz bestimmten Gründen genau da liegen bleiben müssen, wo sie aktuell liegen usw. Dass sich solche Diskussionen lange hinziehen und hochschaukeln können, ohne dass letztlich jemandem damit geholfen ist, müsste eigentlich leicht zu verstehen sein. Und trotzdem spielen sich in immer mehr deutschen Kinderzimmern beim Aufräumen haarsträubende Szenarien ab. Warum? Auch so ein banaler Vorgang wie das Aufräumen muss mit Kindern eingeübt werden, es ist ein Lernprozess, der sich über Jahre hinweg erstreckt.

Bei Kindern im Kindergartenalter müssten Erwachsene beim Aufräumen präsent sein. Dem Kind wird gesagt, wo und was es aufräumen soll. Dabei kann es in zunehmendem Maße selbst tätig werden, anfangs werden jedoch die Eltern dem Kind noch dabei helfen, man räumt also zusammen auf. Das Kind lernt dabei auch durch Nachahmen, es sieht beispielsweise, wie der Vater einen Bauklotz in die Kiste wirft, und imitiert dieses Verhalten, um dem Papa damit ein Geschenk zu machen und seine Freude zu erleben. Es ist in diesem Moment sehr wichtig, dass diese Freude dem Kind auch gezeigt wird, insbesondere durch ein ausdrückliches Lob, denn damit erlebt das Kind diese positive Emotion auf den Vater bezogen und fühlt, dass es gut ist, beim Aufräumen mitzumachen.

Wenn Kinder solche Erfahrungen machen, werden sie von sich aus selbstständiger. Einem Schulkind brauche ich normalerweise nicht mehr beim Aufräumen zu helfen, trotzdem lasse ich es nicht alleine damit. Ich muss immer wieder nachschauen, ob so aufgeräumt wurde, wie es vorgesehen war, und gegebenenfalls muss ich mein Kind noch einmal anweisen, einen fehlenden Rest zu erledigen. Durch diese Begleitung spürt mein Kind: Sein Aufräumen findet nicht im luftleeren Raum statt, sondern hat durchaus etwas mit den anderen Personen im Haushalt zu tun.

Die Erwartung, dass ein Kind aufräumt, weil es den Sinn des Aufräumens verstandesmäßig erfasst und somit diese Tätigkeit gezielt und alleine verrichtet, kann ich erst im Jugendalter in vollem Maße haben. Man sollte dabei wie immer mit konkreten Altersangaben vorsichtig sein, das eine Kind kann dies eher leisten, ein anderes später. Wichtig ist nur, sich vor Augen zu halten, dass auch dieser banale Prozess beim Kind Psyche bildet und somit trainiert werden muss.

Gleichwohl können solche reifefördernden Abläufe von den Eltern nur geleistet werden, wenn sie ihr Kind als Kind sehen. Einem Partner würde hingegen zugestanden werden, für sich zu entscheiden, dass das Zimmer ruhig chaotisch aussehen darf, Gründe fürs Aufräumen würden immer wieder erklärt und diskutiert werden, ohne dass eine Einsicht seitens des Kindes zu erwarten wäre. Eltern in der Projektion würden dem Kind schon das Aufräumen zumuten. Sie hielten bei Gegenwehr des Kindes jedoch nicht durch, da sie Angst bekämen, die Zuneigung des Kindes zu verlieren. Eltern in der Symbiose versuchen durchaus, dafür zu sorgen, dass das Kind aufräumt. Sie realisieren jedoch eine eigentlich offensichtliche Verweigerungshaltung des Kindes nicht mehr und halten es für vollkommen normal, fast jeden Auftrag mehrfach geben zu müssen, bevor er ausgeführt wird. Sie versuchen dabei, über Reden und schnelles Aufregen sofortige Abhilfe herbeizuführen. Das Kind würde also mehrfach angewiesen, seine Spielsachen wegzuräumen, ohne dass es darauf reagiert, und die Situation schaukelt sich hoch. Das führt dann üblicherweise zu den berühmten »wenn – dann«-Sätzen (…»Wenn du nicht sofort aufräumst, dann gehst du ohne Abendessen ins Bett«…), welche wiederum oft in Strafandrohungen münden.

Um solche Szenarien zu vermeiden, ist es notwendig, sich mit den von mir beschriebenen Hintergründen auseinanderzusetzen. Dies würde dann auch dazu führen, dass sich die Sichtweise auf Kinder verändert und alle das Gleiche meinen, wenn sie vom Kind reden. Das ist uns nämlich längst verloren gegangen.

Kapitel 2

Das Konzept »Kind« – Was die Beziehungsstörungen bewirken

Meiner Analyse nach haben sich heute in der öffentlichen Wahrnehmung und Diskussion unbewusst unterschiedliche Vorstellungen darüber ergeben, was unter dem Begriff »Kind« zu verstehen sei. Ich fasse diese unterschiedlichen Vorstellungen unter den Begriff »Konzepte«, es gibt also meiner Analyse nach verschiedene Kind-Konzepte, aus denen wiederum die Beziehungsstörungen der Partnerschaftlichkeit, Projektion und Symbiose resultieren. Eine Vermittlung zwischen den einzelnen Konzepten ist sehr schwierig geworden und gerade deshalb eines der Hauptanliegen meiner Ausführungen.

Das Konzept »Kind als Kind«

Das Konzept »Kind als Kind« ist jenes, das bis vor etwa 25 Jahren alle Erwachsenen hatten, wenn über Kinder gesprochen wurde. Zu diesem Konzept gehören gewisse Rahmenbedingungen, einmal auf persönlicher sowie auf gesellschaftlicher Ebene, die für den Umgang mit Kindern gelten. Darunter fällt beispielsweise die Annahme eines natürlich vorhandenen Machtgefälles zwischen Erwachsenen und Kindern. Man muss dabei betonen, dass die Erfahrung dieses Machtgefälles für beide Seiten gut ist. Kinder brauchen sie, um reifen zu können und Sicherheit zu erfahren. Und für den Erwachsenen ist es schließlich eine sehr schöne Erfahrung, das Gefühl zu haben, dass sich ein so kleines Wesen auf einen verlässt. Das wird bei der ganzen Diskussion gerne vergessen oder verdrängt, weil es sich nicht mit anderen Konzepten vom Kind verträgt. Beide Seiten profitieren also von diesem Konzept!

Dabei folgt der Erwachsene dem Konzept »Kind als Kind« unbewusst, also ohne es im konkreten Sinne als Konzept anzuerkennen. Er ist sich hingegen aber bewusst, dass er als ein reifes Individuum einem unreifen (Kind) gegenüber in der Verantwortung steht, diesem die Möglichkeit zu geben, die gleiche Reifestufe zu erreichen.

Dabei darf intuitives Handeln nicht mit reflexartigen Reaktionen auf das kindliche Verhalten verwechselt werden, sondern beschreibt eine Haltung gegenüber dem Kind, die diesem zu jedem Zeitpunkt Orientierung gewährt, ohne durch striktes oder unkalkulierbares Tun Schaden anzurichten.

Eines der beliebtesten Themen bei pädagogischen Diskussionen ist das »Grenzen setzen«. Eltern, Erzieher und Lehrer sollen Kindern ständig irgendwelche Grenzen setzen, ihnen also aktiv zeigen: »Bis hierhin und nicht weiter!« Das ist natürlich im täglichen Umgang häufig notwendig, es geht jedoch erneut am eigentlichen Thema vorbei. Wer Psyche entwickeln will, muss nämlich bei Kindern keine Grenzen setzen, er muss sich gegenüber den Kindern genauso *abgegrenzt* erleben, wie er das gegenüber anderen erwachsenen Menschen fühlen würde.

Dies ist täglich der Fall, ohne dass es uns groß auffällt. Wenn wir auf jede vermeintliche Provokation im Alltag so einsteigen wollten, wie es im Rahmen der verschiedenen Konzepte bei Kindern geschieht, hätten wir nichts anderes mehr zu tun. Jeder sich aus unserer Sicht ungebührlich verhaltende Außenstehende würde uns aufregen und zu unmittelbarer Reaktion verleiten. Dass dies nicht der Fall ist, liegt eben daran, dass wir hier gewissermaßen ein Konzept »Außenstehender als Außenstehender« haben. Wir sehen diese Menschen als außerhalb unserer selbst an und fühlen deshalb, dass wir uns ihnen nur dann zuwenden müssen, wenn wir selbst das wollen. Dabei setzen wir demjenigen jedoch nicht aktiv irgendwelche Grenzen. Wenn mich jemand versucht anzupöbeln, gehe ich nicht darauf ein und sage: »Bis hierhin und nicht weiter!«, sondern ich ignoriere das Verhalten, weil es mich gar nicht berührt. Dieser Unterschied zwischen *Grenzen setzen* und *sich abgegrenzt fühlen* ist groß und bisher kaum verstanden worden (siehe hierzu auch S. 181).

Der Erwachsene hat in der Beziehung zu Kindern die

Das Konzept »Kind« – Was die Beziehungsstörungen bewirken

Pflicht, eine unsichtbare Trennungslinie zwischen sich und dem Kind zu gewährleisten. Das geht allerdings nur, wenn er in sich selbst ruht, sich also als unabhängiges Individuum versteht, welches Kinder auf einer von ihm getrennten Ebene ansiedelt. Das war bis vor zwanzig Jahren noch ganz selbstverständlich und hätte gar nicht der Erwähnung bedurft. Darin liegt auch die Tragik der heutigen Situation. Fast alles, was ich beschreibe, müsste im Grunde selbstverständlich sein und von Eltern und anderen Erwachsenen als normale Leistung erbracht werden. Diese an sich richtige Feststellung war auch Bestandteil der Kritik an »Warum unsere Kinder Tyrannen werden«. Verhielte es sich so, hätte ich das Buch in der Tat gar nicht schreiben müssen. Jedoch: Erst die in jahrelanger Arbeit entstandene Erkenntnis, dass diese normale Leistung in ständig fortschreitendem Maße nicht mehr vorhanden ist, hat mich überhaupt veranlasst, meine Thesen in der Öffentlichkeit zu diskutieren.

Wenn ich davon spreche, dass sich der Erwachsene gegenüber seinem Kind abgegrenzt verhalten sollte, bedeutet das eine Rückkehr. Eine Rückkehr allerdings nicht zu autoritären, sondern zu *intuitiven* Erziehungsmethoden. Zu der Zeit, als die von mir beschriebenen Beziehungsstörungen für mich eher eine Randerscheinung bedeuteten, war es dem Großteil der Erwachsenen noch möglich, aus einem Bauchgefühl heraus die Entwicklung ihrer Kinder zu begleiten. Es war seltener notwendig, Erziehungsberatung bereitzustellen oder einen Kinderpsychiater aufzusuchen.

Das Konzept »Kind als Kind«

Man sollte den Unterschied zwischen einer intuitiven Begleitung der kindlichen Entwicklung und einer gefährlichen Laissez-faire-Einstellung kennen. Letztere zeugt unter dem Mäntelchen des aufgeklärten und unabhängigen Denkens im Grunde nur von einem Desinteresse am Kind und seinem Verhalten gegenüber dem Rest der Gesellschaft.

Intuitives Vorgehen dagegen bedeutet, dass der in sich ruhende Erwachsene spürt, ob das Verhalten des Kindes eine Reaktion erfordert oder nicht, und falls eine Reaktion erforderlich sein sollte, wie sie auszufallen hat. Der Begriff des Spürens oder auch Fühlens ist dabei ganz wichtig. Denn es geht hier eben nicht um erlernte Schemata, nach denen der Erwachsene in einer bestimmten Situation handelt. Vielmehr wird ein bestimmter Vorgang »aus dem Bauch heraus« richtig beurteilt, es folgt im Nachhinein eine automatische Reaktion.

Dabei ist allerdings auch klar, dass »aus dem Bauch heraus« nicht bedeutet, den Kopf abzuschalten. Auch Bauchreaktionen müssen natürlich das Alter des Kindes und andere Begleitumstände berücksichtigen.

So durchläuft das kleine Kind verschiedene Entwicklungsphasen, die zu Beginn für Erwachsene grundsätzlich interessant sind und erfreut begrüßt werden. Wenn ein Kind beispielsweise zu sprechen beginnt, ist das für Eltern ein besonderer Moment, auf den sie sich lange gefreut haben. Je länger das Kind jedoch diese Fähigkeit besitzt und exzessiv von ihr Gebrauch macht, desto häufiger stellt sich normalerweise bei gewissen Gelegenheiten das Gefühl ein, das Kind müsse gerade jetzt im Moment nicht unbedingt reden, sondern könne sehr wohl für einen Moment ruhig sein. Eltern, die sich auf ihre Intuition verlassen, würden dementsprechend dem Kind abverlangen, dass es zu bestimmten Zeiten auch mal still zu sein hat. In sich ruhen bedeutet also in diesem Moment, das kindliche Verhalten als solches zu sehen und es nicht auf die Erwachsenenebene zu heben. Diese Reaktion kann nur aus dem Bauch heraus erfolgen. Denn wer den Fehler begeht, eine derartige Situation über den Kopf zu lösen, wird wahrscheinlich schnell dazu neigen, dem Kind partnerschaftlich erklären zu wollen, warum es denn gerade jetzt im Moment nicht reden solle, und sich dabei in eine fruchtlose Diskussion verstricken. Oder er wird – in der Projektion – gar nicht erst versuchen, dem Kind das Reden zu untersagen, weil er befürchtet, sich das Kind damit zum Gegner zu machen. In diesem Fall wird das Dazwischen-Reden des Kindes auch gerne verniedlicht oder überhöht. Das Kind ist dann »sehr interessiert«, »überaus sprachbegabt« oder »ein ganz aufgewecktes Kerlchen, über das man sich nur freuen könne«. Oder aber der Erwachsene hat bereits ein symbiotisches Verhältnis zum Kind und merkt gar nicht erst, dass es zu einem ungünstigen Zeitpunkt (dazwischen-)spricht.

Ein gutes Beispiel für fehlende Intuition ist auch die heute grassierende Manie, immer ältere Kinder mit Schnuller bzw. Flasche versorgen zu müssen. Intuitiv sollte es so sein, dass

Eltern irgendwann diese typischen Kennzeichen des Säuglingsalters satthaben und ihr Kind als größeres Kind wahrnehmen, welches diese Dinge nicht mehr nötig hat. Eltern, die abgegrenzt sind, in sich ruhen, haben diese Intuition und empfinden entsprechende Verhaltensweisen des Kindes automatisch als nicht altersangemessen.

Es ist indes heute sehr schwer, diese intuitiven Verhaltensweisen beizubehalten, selbst wenn sie noch ausgeprägt sein sollten. Es hat sich mit der Zunahme der Beziehungsstörungen eine (Un-)Kultur des Drucks auf Eltern entwickelt, welche dazu führt, dass normal handelnde Eltern sich ihrer Sache immer ungewisser werden und in eine kaum zu bewältigende Rechtfertigungssituation geraten. Sie sind damit der Gefahr ausgesetzt, selbst in eine Beziehungsstörung hineinzurutschen, obwohl sie eigentlich über eine intuitiv richtige Verhaltensweise verfügen. Wir haben es mit einer Art Sogwirkung zu tun, die vollkommen normal handelnde Eltern vom richtigen Weg abzubringen vermag, weil ihnen dieser ständig als falsch vor Augen geführt wird. Man darf nicht unterschätzen, dass die Beziehungsstörungen unbewusst entstehen und somit auch nicht reflektiert werden. Falsche Verhaltensweisen, die diesen Störungen geschuldet sind, werden somit von Betroffenen als richtig angesehen. Zudem wird auch versucht, diese an andere Eltern weiter zu vermitteln. Bekommen nun gesunde Eltern von verschiedener Seite entsprechenden Druck, ist die Gefahr groß, dass sie gegen ihre Intuition handeln und ebenfalls beginnen, ihre Kinder mit anderen Augen zu sehen. Dieser Umstand ist geradezu tragisch und trägt erheblich dazu bei, dass wir einen überproportionalen Anstieg solcher Störungen zu verzeichnen haben.

Wer ein Kind als Kind sieht, gesteht ihm beispielsweise zu, dass

- es sich nicht mit Erwachsenendingen bzw. -problemen befassen muss, die es überfordern würden (z. B. Konsum von nicht altersgerechten Medien/Filmen, Verwicklung in Beziehungsprobleme oder finanzielle Sorgen der Eltern),
- es sich jederzeit sicher sein kann, dass Erwachsene, insbesondere die Eltern, ihm Schutz vor äußeren Einflüssen gewähren, etwa im Straßenverkehr oder ähnlichen Situationen,
- es nicht in die Rolle versetzt wird, für den Erwachsenen verantwortlich sein zu müssen,
- es kinderspezifische Freiheiten hat, ohne »alles zu dürfen«,
- es sich geliebt fühlen darf, ohne dass daran Bedingungen geknüpft sind, wie sie aus anderen »Kind-Konzepten« resultieren,
- vieles eingeübt werden muss, um später von alleine gekonnt zu werden,
- es die Erfahrung machen darf, den Erwachsenen zu brauchen, anstatt ständig das Gefühl vermittelt zu bekommen, bereits alles alleine stemmen zu müssen.

Man könnte an dieser Stelle noch viele Beispiele aufzählen und würde doch eigentlich nur lauter Selbstverständlichkeiten aufschreiben. Diese Aufzählung darf somit ruhig auch als Bestätigung für Leser gelten, die all dies als Selbstverständlichkeit empfinden und es so vorleben.

Das Konzept »Kind als Kind« setzt auf Erwachsenenseite die Fähigkeit voraus, mit den vielfältigen Anforderungen des modernen Lebens so umzugehen, dass ein geschützter Raum für die Seele bleibt, der die innere Unabhängigkeit des Individuums sicherstellt. Denn nur diese innere Unabhängigkeit verhindert, dass verstärkt Kompensationsstrategien über das Kind gesucht werden, die die gefühlte Überforderung ausgleichen sollen.

Natürlich benötigt jeder Mensch bisweilen Strategien, um mit Stresssituationen fertig zu werden. Sport ist beispielsweise eine Art Ventil, oder auch ein Konzertabend. Ganz banale Dinge also im Grunde, die aber immer wichtiger werden, um unsere Stressbelastung vom Kind fernzuhalten.

Das Konzept »Kind als Partner«

Im Konzept »Kind als Partner« wird aus einem scheinbar aufgeklärten Bewusstsein heraus das Kind neu definiert: Aus dem schützenswerten Kind wird ein gleichberechtigter Partner. »Kind als Partner« heißt also: Es herrscht die Vorstellung, man könne Kinder über Erklären und Verstehen erziehen.

Dieses Konzept ist entstanden aus dem modernen Denken, das Hierarchien vollständig aufgelöst hat, ohne auf die jeweilige natürliche Position zweier Menschen zu achten. Die Folge ist nicht nur eine Überforderung des Kindes, es können sich hierbei insbesondere auch psychische Funktionen nicht ausreichend bilden.

Im Rahmen dieses Konzeptes ist neben anderen Dingen auch das Verständnis für den Unterschied zwischen Selbstständigkeit, Selbstbewusstsein und Selbstbestimmung verloren gegangen. Eltern, die ihre Kinder als Partner betrachten, lassen sie vieles selbst entscheiden und ausführen. Ganz gleich, wie objektiv sinnvoll die kindliche Entscheidung letztlich ausfällt, die Kinder werden von den Eltern in jedem Fall als besonders selbstständig empfunden. Diese Kinder sind jedoch keineswegs selbstständig, sondern lediglich selbstbestimmend. Deutlich wird diese selbstbestimmte Haltung immer dann, wenn die Kinder sich im sozialen Umfeld ausrichten und Fremdbestimmung durch andere Menschen akzeptieren müssen. Das ist meist unmöglich, denn die Kinder versuchen wie gewohnt, ihren Kopf durchzusetzen, und sind nicht mehr altersangemessen in der Lage, etwa Anweisungen des Lehrers direkt und wie selbstverständlich nachzukommen.

Das hier beschriebene Missverständnis ist auch bei Konzepten in Kindergärten und Grundschulen zu erkennen, wenn diese partnerschaftlich geprägt sind. Darin ist etwa die Vorstellung enthalten, dass Schüler im Rahmen des offenen

Unterrichts selbstständiger und selbstverantwortlicher lernen sollen als bisher. Sie sind aber, wenn sie nicht ausreichend vom Lehrer angeleitet werden, eher selbstbestimmend tätig und können die für ihre psychische Entwicklung wichtige Erfahrung der Fremdbestimmung durch den Lehrer nicht im nötigen Maße machen. Mit solchen pädagogischen Konzepten wird eine ganze Generation geschaffen, die keine ausreichende Fremdbestimmung mehr kennen lernt und damit aus jedem sozialen Rahmen fällt.

Fremdbestimmung ist dabei kein Gegensatz zu Selbstständigkeit. Ein Mensch kann den ganzen Tag selbstständig arbeiten und Entscheidungen treffen und ist trotzdem immer Fremdbestimmung ausgesetzt. Die Art seiner Arbeit und Entscheidungen ist immer auch von anderen Menschen abhängig.

Hinter dem Konzept »Kind als Partner« verbirgt sich häufig ein starker Wunsch nach Harmonie seitens der Eltern. Der wichtigen Aufgabe, den Aggressionsabbau beim Kind zu lenken, kann damit nicht mehr entsprochen werden. Auch gesund entwickelte Kinder verweigern sich hin und wieder. Solch eine Verweigerung wird in diesem Konzept häufig nicht entsprechend wahrgenommen, sondern als Unfähigkeit oder Unvermögen gewertet. Darin liegt die Gefahr, dass die Beschäftigung mit den Kindern an Kindergarten und Schule delegiert wird. Wenn dann noch das Personal in diesen Einrichtungen ebenfalls nach einem partnerschaftlichen Konzept handelt, ist es der gleichen »Blindheit«

anheimgefallen. Eine typische Reaktion wäre es dann, Verweigerungshaltung von Kindern als Krankheitssymptom zu werten und es an Ärzte und Therapeuten weiterzudelegieren. Das Missverständnis, bei dem davon ausgegangen wird, dass ein Partner doch *verstehen* müsse, führt dazu, dass die Notwendigkeit des Einübens von Abläufen wie etwa Hygiene, Arbeitshaltung und Ordnung nicht mehr gesehen wird.

Woran liegt es nun, dass sich diese Partnerschaftsideologie in Bezug auf Kleinkinder auf so breiter Basis durchsetzen konnte? Erst mit den gesellschaftlichen Umwälzungen der 60er- und 70er-Jahre hat sich auf breiter Front eine Denkweise durchgesetzt, bei der davon ausgegangen wird, dass menschliches Zusammenleben besser funktioniert, wenn in der gegenseitigen Kommunikation Erklären und Verstehen die Grundlage sind. Scheinbar fest zementierte Hierarchien haben sich seitdem deutlich verflacht, es ist eine Diskussionskultur entstanden, die zwar bisweilen in ihrer Ergebnislosigkeit nervt, insgesamt jedoch dazu geführt hat, dass sich mehr Menschen als früher in soziale Prozesse eingebunden fühlen.

Die Entstehung dieser Denkweise – ich bezeichne sie als »modernes Denken« im Gegensatz zum »traditionellen Denken« – war so lange ein gesellschaftlicher Fortschritt, bis im Zuge der entstehenden Beziehungsstörungen die Trennung zwischen Kinder- und Erwachsenenwelt aufgehoben wurde.

Die moderne Denkweise ist kennzeichnend für den partnerschaftlichen Umgang mit Kindern. Es hat sich auf breiter Basis die Vorstellung durchgesetzt, dass bereits Kleinkinder ausschließlich dadurch lernen und sich fortentwickeln, indem man ihnen Dinge, die sie tun sollen, erklärt. Man geht davon aus, dass das Kind mit beispielsweise fünf Jahren in der Lage sein soll, vernunftmäßig Vorschläge der Eltern oder anderer Erwachsener zu akzeptieren oder eben abzulehnen.

Der Schutzraum, den Kinder früher dadurch hatten, dass Eltern ihnen Entscheidungen abnahmen, die sie noch nicht treffen können, weil sie deren Tragweite nicht überblicken, ist vollkommen verloren gegangen. Das moderne Denken und der damit verbundene partnerschaftliche Umgang mit kleinen Kindern wird heute von dominanten Strömungen der Erziehungswissenschaft und Pädagogik als positive Errungenschaft und Verbesserung der Situation von Kindern verkauft. In Wirklichkeit handelt es sich dabei aber mindestens um eine Verschlimmbesserung; deutlicher gesagt, ist es eine Zumutung mit katastrophalen Auswirkungen auf unsere gesamte Gesellschaft.

Kindheit wird bis heute (auch von Partnerschaftsideologen) als Zeitraum gesehen, der mit Begriffen wie »Freiheit«, »Unbeschwertheit« und »Fröhlichkeit« assoziiert wird. Wie aber soll ein Kind frei, unbeschwert und fröhlich sein, wenn es ständig von Erwachsenen damit belastet wird, Entscheidungen zu treffen und mit Erwachsenenproblemen konfrontiert zu werden, die es hoffnungslos überfordern? Nicht selten werden dem Kind dann für negative Konsequen-

Das Konzept »Kind« – Was die Beziehungsstörungen bewirken

zen dieser Entscheidungen auch noch Schuldgefühle eingeredet.

Wie unsinnig sich das Konzept vom Kind als Partner auswirkt, zeigt folgendes Beispiel, von dem mir die Erzieherin eines Kindergartens berichtete. Dazu sei nochmals angemerkt, dass solche Erlebnisse heute keine amüsanten Einzelfälle mehr sind, sondern in bedenklich großer Zahl auftreten.

Eine Kindergartenszene in einer deutschen Stadt mittlerer Größe, morgens um 8.00 Uhr, die meisten Kinder werden zu dieser Zeit von ihren Eltern gebracht. Sarah, dreieinhalb Jahre alt, kommt gemeinsam mit ihrer Mutter die Treppe zum Kindergarten herunter, allerdings stolpert sie die Stufen mehr hinab, als dass sie geht. Der Grund für die halsbrecherische Aktion ist relativ offensichtlich: Das Kind trägt instabile Schuhe, mit denen ein normaler Gang schon auf ebenem Untergrund schwierig ist. Auf einer Treppe ist eine Dreijährige damit definitiv überfordert.

Die Kindergartenleiterin macht die Mutter darauf aufmerksam und fragt sie, warum das Kind ausgerechnet solche Schuhe trage. Sie verweist auf die Gefahr, dass Sarah sich auf diese Art und Weise auch verletzen könne. Antwort der sichtlich nervlich angeschlagenen Mutter: Es sei schließlich nicht ihre Entscheidung gewesen, diese Schuhe zu kaufen, Sarah habe beim Einkauf darauf bestanden und sich auch von besten Gegenargumenten nicht überzeugen lassen. Daraufhin habe sie die Schuhe eben gekauft. Auf den Hinweis der Gefährdung des Kindes durch die unangemessenen Treter sagt sie wortwörtlich: »Ich kann mich bei meiner Tochter halt nicht durchsetzen, sie ist ja so eine tolle, starke Persönlichkeit!«

Sarah ist kein Einzelfall, sondern steht sinnbildlich für eine Verschiebung der Maßstäbe im Bereich der Kindererziehung. Die Kennzeichen dieser Verschiebung gruppieren sich zudem um den zentralen Begriff der Persönlichkeit. An diesem Begriff, besser gesagt an der Begriffsverwirrung, die dieses wieder einmal scheinbar eindeutige Wort hervorruft, lässt sich zeigen, warum es hinsichtlich der Kindesentwicklung immer wieder Missverständnisse gibt.

Es wird gerne argumentiert, Säuglinge kämen bereits als fertige kleine Persönlichkeiten auf die Welt. Daraus entsteht dann schnell die Forderung, die Kinder sollten dementsprechend vom ersten Moment an so behandelt werden, wie man eben mit anderen Menschen umgehe, wenn man deren Persönlichkeit respektiere: auf der gleichen Ebene, also partnerschaftlich.

An dieser Stelle gibt es jedoch ein wichtiges und in seinen Auswirkungen tragisches Definitionsproblem. Was Menschen meinen, wenn sie schon Säuglingen eine eigene Persönlichkeit zuschreiben, ist etwas anderes als das, was im psychiatrischen Sinne die Persönlichkeit eines Menschen ausmacht.

Kinder sind ruhig oder eher lebhaft. Das eine entwickelt sehr schnell seine motorischen Fähigkeiten, das andere braucht dafür etwas länger. Manche Kinder gehen generell gerne auf andere Menschen zu, andere brauchen längere Aufwärmphasen und zeigen sich gerne als stiller Beobachter der Vorgänge um sie selbst.

All das liegt innerhalb der normalen Entwicklungsphasen von Kleinkindern und ist in keinem Falle bedenklich oder therapiebedürftig. Die unterschiedlichen Temperamente haben jedoch nichts mit der vermeintlichen Persönlichkeit dieser Kinder zu tun, also mit einem bereits fertig entwickelten psychischen Verständnis ihrer Umwelt, welches sie dazu anhält, beispielsweise ein menschliches Gegenüber als ein solches wahrzunehmen und angemessen darauf zu reagieren. Wir haben es hier vielmehr mit charakterlichen Eigenschaften zu tun, und zwar angeborenen und vererbten Verhaltensweisen, die kaum zu beeinflussen und daher auch für mich als Kinderpsychiater eher von nachrangigem Interesse sind.

Die Persönlichkeitsentwicklung im engeren Sinne setzt hingegen erst im Alter von etwa acht oder neun Jahren ein. Kinder sind bei gesunder psychischer Reifeentwicklung erst dann in der Lage, sich als soziales Wesen in der Gemeinschaft wahrzunehmen und sich entsprechend in ihr zu bewegen.

Von Bedeutung ist diese Unterscheidung vor allem, weil sie es ermöglicht, Verhaltensweisen von Kleinkindern nicht genetischen Zwangsläufigkeiten zuzuweisen, wie naive »Persönlichkeitstheoretiker« es gerne tun. Wer Fehlverhalten von Kindern immer damit erklärt und entschuldigt, dies liege eben in der »starken Persönlichkeit« des Vier- oder Fünfjährigen begründet und sei damit quasi widerstandslos hinzunehmen, nimmt diesen Kindern jede Möglichkeit auf Entwicklung einer echten Persönlichkeit im entsprechenden Alter.

Sarah aus dem dargestellten Fallbeispiel ist in Gefahr, dieses Schicksal erfahren zu müssen. Ihre Mutter befindet sich bereits auf der Ebene der Projektion. Sie korrigiert das Kind nicht in seinem Verhalten, sondern duldet es, beim Schuhkauf von ihrer Tochter bevormundet und überstimmt zu werden, obwohl die Praxisuntauglichkeit der Schuhe offensichtlich ist. Hinter ihrer laienpsychologischen Erklärung, Sarah sei eine »starke kleine Persönlichkeit«, steckt eben die Angst, vom Kind nicht mehr geliebt zu werden, wenn die Mutter den Kauf nützlicherer Schuhe gegen den Willen des Kindes durchsetzen würde. An diesem Beispiel wird zugleich deutlich, wie eng die Konzepte »Kind als Partner« und das im weiteren Verlauf dieses Buches beschriebene Konzept »Ich will vom Kind geliebt werden« auf der Basis der Projektion beieinander liegen können.

Sarahs Mutter sollte also eigentlich selbst entscheiden, welche Schuhe die Dreijährige für den Alltag benötigt. Hätten wir es dann bereits mit autoritärer Erziehung zu tun, weil das dreijährige Kind nicht gefragt werden würde, welche Schuhe es haben möchte? Im Rahmen der heutigen partnerschaftlichen Erziehungsideologie liegt dieser Gedanke nahe. In einem ähnlichen Fall hätte das Kind möglicherweise –

Das Konzept »Kind« – Was die Beziehungsstörungen bewirken

vielleicht aus wirtschaftlichen Gründen – sogar den Kauf eines anderen Paares akzeptieren müssen. Doch wäre es durch das Konzept auch hier unabdingbar, dem Kind die Notwendigkeit und die Hintergründe dieser Kaufentscheidung genau zu erklären. Im Rahmen des Partnerschaftsdenkens wird Eltern suggeriert, sie schadeten ihren Kindern, wenn sie sich nicht auf deren Perspektive herablassen und auf Augenhöhe solche und andere Entscheidungen argumentativ gemeinsam treffen.

Das dreijährige Kind jedoch ist nicht in der Lage zu erkennen, welche Kaufentscheidung die richtige wäre. Es lebt nur im Moment und könnte eine solche perspektivische Entscheidung gar nicht treffen. Dabei fehlt das Bewusstsein dafür heute bei immer mehr Erwachsenen völlig, weil es auf Grund der vorliegenden Beziehungsstörung im entscheidenden Moment ausgeblendet wird. Unter dem Argument »zu teuer« kann sich definitiv keine Dreijährige etwas vorstellen. Eigentlich dürfte jedem Erwachsenen klar sein: Ein Kind dieses Alters ist objektiv nicht in der Lage, Wert und Funktion des Geldes einzuschätzen. Auch die guten Gegenargumente des vorangegangenen Fallbeispiels »beim Treppensteigen problematisch« oder »unbequem« liegen natürlich außerhalb der Vorstellungskraft eines Kleinkindes. Fatal sind hier jedoch die Folgen: Weil die Mutter sich auf der partnerschaftlichen Beziehungsebene zu ihrem Kind befindet, ist sie nun nicht mehr in der Lage, es vor gesundheitsschädlichen Gefahren zu schützen.

Das Konzept »Kind als Partner«

Es ist wichtig zu verstehen: Die Mutter würde das Kind naturgemäß *schützen*, ihm seinen natürlichen Schutzraum zugestehen, den Kinder nur durch entsprechendes Verhalten der Erwachsenen erhalten. Stattdessen führt die vorliegende Beziehungsstörung dazu, dass ein Gefühl entsteht, dem Kind unrecht zu tun, wenn ihm diese oder andere Entscheidungen abgenommen werden. Das Schuhbeispiel kann hierbei noch als harmlos gelten, Kinder werden heute auch bei weit problematischeren Entscheidungsfindungen ganz selbstverständlich mit einbezogen und damit maßlos überfordert.

Übrigens: Wenn Sie beim Lesen dieser Zeilen überlegen, ob Sarah nicht doch hätte an der ganzen Aktion beteiligt werden können – es spricht nichts dagegen, in gewissem Rahmen Unterentscheidungen zuzulassen, die keine nennenswerten Konsequenzen hervorrufen können. So könnte die Mutter Sarah durchaus fragen, ob sie lieber blaue oder rote Schuhe möchte bzw. lieber dieses oder jenes Motiv auf dem Schuh. Solange man sich darüber im Klaren ist, dass das Kind auch diese Entscheidung selbstverständlich nur aus dem Moment heraus treffen wird (sie also auch einen Tag oder sogar nur eine Stunde später schon ganz anders aussehen könnte), ist dagegen nichts einzuwenden. Kinder dieses Alters leben eben nur im Moment und handeln nicht vorausschauend, weil sie künftige Zeiträume und mit ihrer Entscheidung zusammenhängende Konsequenzen noch nicht überblicken können. Kindliche Entscheidungen fallen daher generell rein lustbetont aus. Deshalb treffen sie jetzt diese und wenig später eine genau gegenläufige Entscheidung. Und das kann man eben nur dann zulassen, wenn bei einer solch stimmungsabhängigen Entscheidung des Kindes keine negativen Folgen zu erwarten sind. Eine Mutter, die das Kind als Kind und nicht als Partner sieht, würde ihm möglicherweise einen Grund nennen, warum diese Schuhe nicht die richtigen sind. Sie hätte aber nicht die Vorstellung, dass das Kind sich auf Grund der Argumente einsichtig zeigen würde. Falls das Kind mit der Entscheidung nicht einverstanden wäre und versuchen würde, eine Diskussion vom Zaun zu brechen, müsste sie die Schuhe einfach stehen lassen und den Kauf vertagen. Würde das Kind daraufhin einen Wutanfall bekommen, könnte sie sich auf ihre Intuition verlassen und von dieser gelenkt in sich ruhend und abgegrenzt reagieren.

Aus der Sichtweise heraus, dass man einem Partner gegenüber nicht strukturierend auftreten möchte, um ihn nicht einzuengen, ist auch die fehlende Einsicht zur Notwendigkeit des fortwährenden Einübens bestimmter Abläufe und des Vorgebens von Struktur bei Kindern zu verstehen. Ein partnerschaftlich denkender Erwachsener würde dies als Indoktrination missverstehen und hätte Angst, das Kind zu bevormunden. Die Unterschiede zwischen Bevormundung und dem Vorgeben von Struktur als Orientierung und Halt sind hier leider ebenfalls verloren gegangen.

Vielleicht sollte man, um ein weiteres Grundproblem und dessen negative Auswirkungen des partnerschaftlichen

Das Konzept »Kind als Partner«

Konzeptes zu verdeutlichen, statt »Gleichberechtigung« lieber eine neue Vokabel einführen, die da lautet: »Gleichverpflichtung«. Denn hier haben wir es mit einem Kommunikationsphänomen zu tun, welches auf der sprachlichen Ebene perfekt verschleiert, weshalb Kinder in ihrer psychischen Entwicklung gefährdet werden.

Der positiv besetzte Begriff der Gleich-Berechtigung geht davon aus, die Auseinandersetzung mit unterschiedlichen Problemen und das dazugehörige Ausdiskutieren stelle in jedem Fall ein »Recht« dar. Dabei wird die nötige Robustheit der Psyche, um dieses Recht wahrnehmen zu können, außen vorgelassen. Benutzt man den Begriff der Gleich-Verpflichtung, wird deutlicher, dass hier die Kehrseite der Medaille wesentlich stärker zum Tragen kommt. Aus dem vermeintlich von den Erwachsenen verliehenen Recht, sich mit Erwachsenendingen beschäftigen zu dürfen, wird dann schnell die Pflicht, sich mit Problemen auseinandersetzen zu müssen, die ein Kind ohne die Erwachsenen nie gehabt hätte.

Man könnte das anhand eines Spruches illustrieren, den ich kürzlich auf dem T-Shirt eines Teilnehmers an einem Junggesellenabschied sah: »Ein Junggeselle ist ein Mann, dem zum Glück die Frau fehlt«, stand dort. Die hier lustig gemeinte Doppeldeutigkeit des aufs Heiraten bezogenen Spruches ließe sich übertragen: »Ein Kind ist ein Mensch, dem zum Glück die Probleme fehlen.« Es ist eigentlich nicht schwierig, diesen Spruch richtig zu verstehen. Kindern fehlt eben zu ihrem eigenen Glück ein Problembewusstsein, wie

Das Konzept »Kind« – Was die Beziehungsstörungen bewirken

es Erwachsene haben. Dieses Glück ist das Glück der Kindheit. Wer nun sein Kind als Partner ansieht, mit dem vieles ausdiskutiert werden kann und sollte, würde vielleicht dieser Interpretation des Spruches gar nicht widersprechen. Er handelt nur anders. Er handelt nämlich so, als wenn tatsächlich dem Kind zum Glücklichsein noch die Probleme des Erwachsenenlebens fehlten. Als wenn Kinder nur dann vollwertige Menschen sein könnten, wenn sie die Last des Erwachsenendaseins auf ihren schmalen Schultern mitzutragen hätten, also gleich-verpflichtet wären.

Als Konzept vom Kind ist das Partnerschaftsdenken im Gegensatz zur Intuition ein bewusst gelebtes Konzept. Es entsteht aus einem komplett verkopften Denken heraus, welches das für die Kindesentwicklung entscheidende Bauchgefühl ausbremst und die Maximen eines allgemeinen egalitären Denkens unter Erwachsenen zur Maxime des Umgangs mit dem einzelnen Kind macht. Kant von den Füßen auf den Kopf gestellt also: Nicht das einzelne Individuum ist Maßstab eines allgemeinen Handelns, sondern eine auf eine spezielle Zielgruppe (Erwachsene) ausgerichtete allgemeine Richtlinie wird auf eine ganz anders strukturierte Zielgruppe (Kinder) übertragen, die für diesen Maßstab überhaupt nicht passend ist.

Leider ist das Partnerschaftskonzept keineswegs auf die familiäre Sphäre beschränkt, sondern viele Mitarbeiter in mit Kindern arbeitenden Institutionen vom Kindergarten bis zum Jugendamt handeln danach. Erst jüngst ist mir

Das Konzept »Kind als Partner«

ein Fall zugetragen worden, der charakteristisch für dieses Denken auch im öffentlichen Bereich ist. Dabei handelte es sich um ein Kind, das bereits auffällig geworden war und in eine Förderschule für erziehungsschwierige Kinder kommen sollte. Beim Aufnahmegespräch, das unter Beteiligung einer Lehrerin der Schule und einer Mutter, deren Kind bereits an der Schule ist, stattfand, wurde die Problematik des Kindes geschildert, um einen sinnvollen Ansatz für die Arbeit zu finden. Während dieses Gespräches zwischen den Erwachsenen zwinkerte die Lehrerin bereits ständig dem Kind zu. Nachdem die Probleme des Kindes geschildert wurden, antwortete die Lehrerin nicht etwa auf diese Ausführungen, sondern fühlte sich bemüßigt, zunächst einmal das Kind zu fragen, ob die gemachten Ausführungen denn auch so stimmten. Schließlich kam das offensichtlich partnerschaftliche Grundkonzept an dieser Schule auch in schriftlicher Form zum Ausdruck. Das Kind bekam ein Blatt in die Hand gedrückt, auf dem die Grundregeln der Schule niedergelegt waren, bezeichnet als »Schulverfassung«. Zunächst einmal wurde dem Kind darin explizit unterstellt, es besuche diese Schule aus freiem Willen: »Du möchtest unsere Schule besuchen.« Dann wurde vom Kind verlangt, die »Grundregeln für das Zusammenleben zu verstehen und mitzutragen«. Schließlich heißt es in den neun Grundregeln: »Ich weiß, dass ich für mein Handeln verantwortlich bin.« Dieses Blatt sollte von der Schulleitung, dem Klassenlehrer und dem Schüler unterschrieben werden und den

Das Konzept »Kind« – Was die Beziehungsstörungen bewirken

Kitt für das tägliche Zusammenleben an der Schule bilden. Als das Kind nach dem Aufnahmegespräch gefragt wurde, ob es denn wisse, was das heiße, wenn man für sein Handeln verantwortlich sei, antwortete es mit »nein«. Diese Antwort zeigte ganz klar, dass ihm jegliches Verständnis fehlte.

Selbst an einer Förderschule, wo die Unreife der Kinder mehr als offensichtlich ist, wird auf partnerschaftliches Denken gesetzt. Anstatt dem Kind Struktur anzubieten und ihm auch ein Stück Verantwortung abzunehmen, wird es in falsch verstandener Gleichbehandlung damit belastet, dass die Verantwortung für das Handeln ganz bei ihm selbst liege.

Würden die Verantwortlichen dieser Schule ihre Schüler als Kinder statt als Partner betrachten, würden sie erkennen, dass sie die Kinder mit einem solchen Ansatz überfordern und zugleich bereits vorsorglich jegliche Verantwortung von sich weisen. Etwas provokant gesagt: Hat das Kind diesen Passus erst einmal unterschrieben, kann man sich von Seiten der Schule zurücklehnen, in der Gewissheit, im Zweifelsfall für alle Vorkommnisse immer einen Schuldigen zu haben, nämlich den Schüler.

Dass Schüler im Alter von etwa zehn Jahren von ihrer psychischen Disposition her nicht in der Lage sind, die Folgen ihres Handelns so abzuschätzen wie ein Erwachsener, ist nicht umsonst im Strafrecht verankert, welches in diesem Alter noch keine volle Strafmündigkeit anerkennt.

Das Konzept »Kind als Partner«

Warum das an Schulen, zumal an Förderschulen, anders sein sollte, erschließt sich wirklich nur, wenn man Partnerschaftlichkeitskonzepte völlig unkritisch und unreflektiert betrachtet.

Abschließend noch etwas zum Vorwurf, meine Kritik am Partnerschaftsdenken befördere Kinder generell zurück in eine unterwürfige Position, wie das bei autoritären Erziehungsstrukturen das Ziel ist: Abgesehen davon, dass die Verfolgung eines solchen Zieles wiederum Sache der Pädagogik, in diesem Fall wohl der berüchtigten »Schwarzen Pädagogik« wäre und somit gar nicht in mein Fachgebiet fällt, verwerfe ich den Gedanken einer Partnerschaftlichkeit zwischen Eltern und Kindern keineswegs. Ich setze ihn lediglich zu einem Zeitpunkt an, an dem das Kind von seiner psychischen Entwicklung her dazu in der Lage ist, mit dieser Partnerschaftlichkeit umzugehen. Das ist beim pubertierenden Kind in zunehmendem Maße der Fall und findet den Abschluss der Entwicklung in der späten Jugendzeit. Es ist eben für intuitiv handelnde Eltern vollkommen selbstverständlich, dass man mit einem Fünfzehnjährigen anders spricht und umgeht als mit einem Fünfjährigen. Partnerschaftlich erziehende Eltern würden mit dem Fünfjährigen umgehen, als hätten sie einen Fünfzehnjährigen vor sich, und würden sich später wundern, warum sie zu dem Fünfzehnjährigen keinen Zugang mehr bekämen. Dieser jedoch kann für seine Verhaltensweise im Grunde gar nichts, weil er nie die Chance bekommen hat zu erleben, dass er nicht alleine auf der Welt ist, sondern tagtäglich Begrenzung durch andere Menschen erfahren und erdulden muss.

Das Konzept »Ich will vom Kind geliebt werden«

Wie beim Partnerschaftskonzept haben wir es auch hier mit einer direkten Kompensation des Erwachsenen zu tun, für die das Kind als »Objekt« herhalten muss. Auch an dieser Stelle möchte ich auf ein mir immer wieder begegnendes Missverständnis aufmerksam machen: Spreche ich die Projektion in Diskussionen an, werde ich häufig darauf hingewiesen, es könne doch wohl nichts Schlimmes daran sein, wenn Eltern sich der Liebe ihrer Kinder gewiss sein möchten oder wenn pädagogisch tätige Erwachsene sich über die Zuneigung und das Vertrauen freuen, welches sie von den ihnen anvertrauten Kindern erfahren.

Keine Einwände. Natürlich ist daran nichts auszusetzen, und nichts liegt mir ferner, als einen Keil zwischen Eltern, Erzieher oder Lehrer und Kinder zu treiben und den Erwachsenen die Freude an der Zuwendung ihrer Kinder zu nehmen.

Das Konzept, von Kindern unbedingt geliebt werden zu wollen, bedeutet etwas vollkommen anderes als die normale Zuwendung und Liebe, die Kinder den Erwachsenen entgegenbringen, von denen sie sich geschützt fühlen und die ihnen als Orientierung und Struktur dienen.

Jedes Kind liebt seine Eltern, ganz automatisch und ohne

Das Konzept »Ich will vom Kind geliebt werden«

aktive Einflussnahme der Eltern. Das ist im Übrigen auch der Grund, warum selbst Misshandlungsopfer sich nicht automatisch von ihren für diese Misshandlung verantwortlichen Elternteilen abwenden. Kinder fühlen diese Zuneigung zu ihren Eltern – und keine Mutter und kein Vater müssen objektiv unter irgendeinem Druck stehen, sich diese Zuneigung durch widersinnige Handlungen sichern zu müssen. Genau das jedoch sieht das Konzept des »Geliebt-werden-wollens« vor. Menschen erfahren normalerweise Anerkennung aus ihrem Umfeld, von Freunden, von Kollegen, von den eigenen Eltern oder auch von Fremden. Dieser Umstand verhindert, dass Kompensationsmechanismen an die Stelle dieser natürlichen Form von Anerkennung treten müssen.

In einer immer schnelllebigeren Zeit wie heute bleibt für diese Anerkennung aber immer weniger Raum. Freunde, Kollegen, Eltern und Fremde befinden sich oft selbst weitgehend im Hamsterrad, funktionieren nur noch im Rahmen ihres vollen Terminkalenders und sind auf ihre eigene Existenzsicherung bedacht. Darüber hinaus noch Zeit zu finden, um positiv auf andere Menschen einzuwirken, wird immer schwieriger, nicht aus einer bewusst negativen Einstellung heraus, sondern weil schlicht die nötige Ruhe dazu immer mehr schwindet.

Darüber hinaus haben wir es hier mit einem gesamtgesellschaftlichen Problem zu tun. Die Gesellschaft spaltet sich immer stärker in Gruppen auf, denen untereinander das Vertrauen fehlt. Bestimmte Berufsgruppen stehen beispielsweise bisweilen so im Fokus unreflektierter öffentlicher Kritik und werden heftig diffamiert, dass ihre Mitglieder daraus nur persönlichen Schaden nehmen können. Aus all diesen Pauschalurteilen spricht eine Form genereller Missachtung von Menschen, die für fehlende Sicherheit und Anerkennung sorgt.

Wer nun in diese Mühle zwischen immer stärker gefühltem persönlichen Druck und immer weniger Zuwendung von außen geraten ist, fällt in zunehmendem Maße der Gefahr anheim, das Kind als Kompensationsmechanismus zu entdecken und Liebe und Zuwendung in immer stärkerem Maße aktiv zu provozieren. In der Folge wird die Praxis des gelegentlichen Verwöhnens der Kinder über ein gesundes Maß hinaus ausgeweitet. Die Wünsche und Forderungen der Kleinen werden so oft und so schnell wie möglich erfüllt. Dabei gerät völlig aus dem Blick, dass dem Kind damit suggeriert wird, der Erwachsene erfülle naturgemäß jeden an ihn herangetragenen Wunsch des Kindes. Wenn über das ohnehin vorhandene Maß an Elternliebe jedoch immer wieder unbewusst aktiv Liebe vom Kind eingefordert wird, geraten bei diesem die inneren Maßstäbe durcheinander, es bekommt kein Gefühl mehr dafür vermittelt, wann dem eigenen Wollen natürliche Grenzen gesetzt sind.

Betroffene Kinder erfahren somit eine für die psychische Reifeentwicklung äußerst schädliche Grenzenlosigkeit, das Kind findet auf diese Weise aus der frühkindlichen Allmachtsphase nicht mehr heraus. Die kindliche Psyche stag-

Das Konzept »Ich will vom Kind geliebt werden«

niert in ihrer Entwicklung, und es kommt spätestens dann zu Problemen, wenn es in seiner Umwelt auf Mitmenschen trifft, die entweder nicht gewillt sind, auf die Forderungen des Kindes einzugehen und/oder ihrerseits Forderungen an das Kind stellen (Schule/Ausbildung).

Das Konzept des »Geliebt-werden-wollens« bringt den Erwachsenen in Abhängigkeit vom Kind. Es entsteht dabei die irrationale Angst, das Kind könne ein ablehnendes Verhalten seitens des Erwachsenen gar dauerhaft missbilligen und gegebenenfalls mit Liebesentzug reagieren. Also muss buchstäblich alles dafür getan werden, um den Nachwuchs bei Laune zu halten.

Der Erwachsene kompensiert dadurch zwar oberflächlich betrachtet seine Defizite, erwirbt aber in Wirklichkeit ein zusätzliches, weil das natürliche Verhältnis zum Kind zerstört wird. Noch einmal ausdrücklich: Der Erwachsene, der das Kind weitgehend selbstständig agieren lässt, hat ein Problem und schafft zwei weitere, eines für sich und eines für sein Kind. Das fatale Ergebnis dieses Konzeptes ist also eine Potenzierung der ohnehin schon als belastend empfundenen eigenen Situation.

Man darf dabei Folgendes nicht übersehen, und das mag auch der Grund sein, warum diese Probleme so schwer zu erkennen sind. Wenn Kinder nicht irgendwann erwachsen werden und in diesem Leben bestehen müssten, ginge die Rechnung für die Erwachsenen auf. Die Kompensation der eigenen Probleme übers Kind klappt in der Regel hervorragend, die Erwachsenen fühlen sich besser und überwinden ihre Defizite. Aber: Die Kinder können sich nicht entwickeln und werden daher irgendwann als Problem wahrgenommen. Dies geschieht jedoch erst zu einem späteren Zeitpunkt, d. h., es gibt keine Vorausschau, welche Erwachsene dazu bringen könnte, die Kompensation übers Kind zu beenden. Die Machtumkehr zwischen Erwachsenem und Kind als Ursache für die Probleme mit Kindern und Jugendlichen zu erkennen, wird für die Zukunft einer der entscheidenden Punkte sein. Es muss gesehen werden, dass Kinder, die nach diesem Konzept scheinbar alles dürfen, nicht lebenstüchtig sein werden.

Das Konzept »Das Kind ist Teil meiner selbst«

Bei diesem Konzept ist ein kognitives Aufheben nicht möglich, weil das Kind nicht mehr als eigene Person, also in seiner Subjekthaftigkeit erlebt wird. Dadurch ist die Beziehungsstörung der Symbiose, die auf diesem Konzept beruht, nicht sofort auflösbar. Es gibt jedoch Strategien, die Auswege aus diesem Konzept ermöglichen. Sie werden im entsprechenden Kapitel diskutiert. Das Konzept »Kind als Teil meiner selbst« wird mehr und mehr zur dominierenden Verarbeitungsweise des Kindes in den Familien, in denen Störungen vorliegen. Die eigentliche Kompensation, die hier stattfindet, liegt in der unbewussten Entnahme

Das Konzept »Das Kind ist Teil meiner selbst«

psychischer Anteile des Kindes durch den Erwachsenen. Jede Handlung des Kindes wird als eigene Handlung psychisch verarbeitet.

Dieses Konzept entsteht vor dem Hintergrund des negativen gesellschaftlichen Wandels, der zu einer ständigen Überforderung des Erwachsenen führt und es ihm nicht mehr ermöglicht, in sich selbst zu ruhen. Auflösen ließe sich dieses Konzept vor allem durch eine Umkehr im gesamtgesellschaftlichen Miteinander. Vor allem die Auseinandersetzung mit der Sinnfrage und der Versuch der Entschleunigung des Lebens spielen hierbei die entscheidende Rolle. Erst wenn der Erwachsene von sich aus nicht in der Lage ist, diese Versuche zu starten, ist therapeutische Hilfe unbedingt notwendig.

Doch wie äußert sich nun das Konzept »Das Kind ist Teil meiner selbst«? Zu erkennen ist es vor allem daran, dass diese Eltern ständig bemüht sind, von ihrem Kind eine bestimmte Handlungsweise zu erreichen. Das Kind wird unter andauerndem Druck gesetzt, es soll immer sofort dieses oder jenes tun: lesen, schreiben, hören, auf anderen Gebieten vorankommen. Es geht dabei nicht darum, dass Eltern sich wünschen, dass ihr Kind etwas schafft, lernt und Erfolg hat. Dieser Wunsch ist an sich natürlich und muss vorhanden sein. Entscheidend ist aber, dass er eher unkonkret in die Zukunft gerichtet ist und einfach nur daraus entsteht, dass Eltern sich für ihr Kind immer das Beste wünschen. Dabei würde jedoch im Normalfall die individuelle Entwicklung und Interessenlage des Kindes berücksichtigt, und Eltern würden eher unterstützend tätig werden, wenn sie bemerken, welche Talente und Vorlieben ihr Sohn oder ihre Tochter entwickeln.

Im Konzept »Kind als Teil meiner selbst« ist der Ansatz ein anderer. Zunächst einmal gibt es zumindest zwischen Eltern und Kind scheinbar noch gar kein Problem, weil das Kind auf Grund der symbiotischen Verarbeitung in seinem Verhalten nicht ausreichend wahrgenommen wird. Erst wenn der Leidensdruck immer größer geworden ist, wird das Kind häufig bei ganz alltäglichen Dingen unter Druck gesetzt, sofort voranzukommen. Führt es die Anordnungen der Eltern irgendwann gar nicht mehr aus, kommt es also zu einer Totalverweigerung, gehen diese in den Machtkampf, sie reden auf das Kind ein, werden laut, regen sich auf. Es kommt zu den berühmten »wenn – dann«-Sätzen. Der Aufwand, den die Eltern treiben, mündet schließlich oft genug in Bestrafungsaktionen. Dabei muss man unbedingt sehen, dass solche Bestrafungen hier nicht mehr Ausdruck autoritärer Erziehungskonzepte sind wie in den fünfziger oder sechziger Jahren. Die Bestrafung ist an dieser Stelle der Ausdruck eines völlig irregeleiteten Bildes bzw. eben des Konzeptes vom Kind, welches nicht mehr in seiner Eigenständigkeit wahrgenommen wird.

Das Problem bei all diesem Aufwand ist ein ganz einfaches: Ich kann keinen Menschen dazu bringen, dass er sich ändert oder dass er etwas tut. Wenn Menschen sich offensichtlich ändern oder etwas tun, geschieht das über die Beziehung zu anderen Menschen, und im Erwachsenenalter tragen Diskussionen und Erklärungen dazu bei, dass Mitmenschen von sich aus Verhaltensänderungen vornehmen. Durch aktives Einwirken kann ich einen Menschen natürlich zwingen, irgendetwas auch gegen dessen Willen zu machen. Dadurch ändere ich diesen Menschen jedoch niemals in seinem generellen Verhalten. Das ist einfach nicht möglich. Warum auch sonst endet so manche Partnerschaft aufgrund jahrelanger erfolgloser Bemühungen, dem Partner seine »Macken« abzugewöhnen.

Eltern, die das hier behandelte Konzept vom Kind leben, versuchen jedoch immer wieder genau das, weil sie das Kind psychisch nicht mehr als externe Person wahrnehmen. Die psychische Verschmelzung mit dem Kind lässt sie glauben, sie gingen mit einem Teil ihrer selbst, also etwa einem Körperteil, um. Auf diesen kann ich natürlich einwirken und ihn – zumindest begrenzt – zu etwas bringen, das ich möchte.

Zwischen Eltern und Kind entsteht durch das ständige Fordern der Eltern Druck. Druck aufs Kind, dieses oder jenes zu tun. Auch wenn dieser Druck negativer Natur ist, empfindet das Kind ihn zunächst einmal als Zuwendung. Das Kind erfährt: Wenn ich mich so verhalte, dass Mama oder Papa immer wieder auf mich einreden, bekomme ich ständige Aufmerksamkeit. Es wäre also schlecht beraten, wenn es die entsprechende Verweigerungshaltung nicht an

Das Konzept »Kind« – Was die Beziehungsstörungen bewirken

den Tag legen würde, da es ja automatisch eine Belohnung in Form von Zuwendung erhält. Man muss sich diesen Zusammenhang wirklich sehr deutlich vor Augen führen. Es ist für die kindliche Psyche zunächst einmal nicht entscheidend, ob Zuwendung in positiv liebevoller Weise geschieht oder als negativ aufgeladener Druck. Wahrgenommen wird die provozierte Aufmerksamkeit, das Gefühl, im Mittelpunkt zu stehen.

Zudem provoziert diese Form von Zuwendung Trotz. Vergleichen lässt sich diese Reaktion mit einem Beispiel aus dem Straßenverkehr. Parke ich irgendwo falsch, wird mir der Kontrolleur im Normalfall einen Strafzettel verpassen, und die Sache ist abgehakt. Würde er jedoch versuchen, mit mir in eine Diskussion einzusteigen, um zu erreichen, dass ich auf der Stelle mein Auto wegfahre, ist er in Gefahr, genau das Gegenteil von dem zu provozieren, was er eigentlich möchte. Ich würde vielleicht trotzig reagieren und sagen: »Jetzt bleibe ich erst recht hier stehen!« Regt sich der Kontrolleur dann weiter auf und droht mit Abschleppen oder ähnlichen Konsequenzen, begibt er sich zumindest in die Gefahr, dass ich mich über ihn auch noch lustig mache.

Im Straßenverkehr könnte sich die Situation in etwa so abspielen, daheim mit Kindern wird es sicher so sein: Das Kind wird trotziger, je höher der Druck wird, die Eltern machen sich vor dem Kind lächerlich, weil sie etwas fordern, wozu sie nicht in der Lage sind, es durchzusetzen. Bei den Eltern macht sich dann Ohnmacht breit, sie fühlen sich überhaupt nicht mehr in der Lage, noch irgendwie an das Kind heranzukommen, und verzweifeln.

Es ist leicht zu erkennen, dass solche Situationen eine ganz gefährliche Eigendynamik bekommen können, sie geraten außer Kontrolle und schaukeln sich hoch, erst langsam, dann immer schneller. Eltern, die mit dem Konzept »Kind als Teil meiner selbst« leben, befinden sich bald in dieser abwärts drehenden Spirale: Mein Kind funktioniert nicht. Ich versuche, es zu etwas zu bewegen. Es führt dieses nicht wie gewünscht aus. Ich rege mich auf. Das Kind verweigert sich weiterhin. Dann rege ich mich noch mehr auf und greife eventuell auch zu Strafen. Macht man sich das klar, ist es nicht weiter verwunderlich, wenn die seelische Belastung des Alltags in vielen Familien als kaum noch tragbar empfunden wird.

Typische Beispiele für solche Situationen sind übrigens genau die täglich wiederkehrenden Abläufe in einer Familie: Anziehen, Hygiene, Essen, Hausaufgaben und anderes. Man könnte meinen, die Eltern müssten gerade auf Grund dieser enormen Belastung irgendwann an den Punkt kommen, wo sie aktiv aus der Spirale aussteigen und ihr Verhalten gegenüber dem Kind ändern. Das große Problem bei diesem Konzept bzw. der symbiotischen Beziehungsstörung ist jedoch, dass dies durch die indirekte Form der Kompensation nicht möglich ist.

Das Konzept »Kind« – Was die Beziehungsstörungen bewirken

Der Fakt, dass das Kind nicht mehr als externe Person wahrgenommen wird, führt zu weiteren Fehlreaktionen:
- Ein eigener Körperteil kann nichts extra machen, denn er gehört ja zu meinem Körper. Da die Eltern das Kind als Teil ihrer selbst verarbeiten, ist es schlicht unmöglich geworden zu sehen, dass das Kind sehr wohl etwas extra macht. Wichtig ist dabei zu beachten, dass »extra« in diesem Fall nicht »mit Vorsatz« bedeutet. Ein kleines Kind testet die Welt stets darauf hin, ob diese sein Weltbild bestätigt. Die Handlung des Testens ist dabei durchaus bewusst, also »extra«, nicht jedoch das Motiv für diese Handlung. Das Kind testet also nicht, um die Eltern oder sonst jemanden zu ärgern, sondern weil es wie in einer Endlosschleife immer wieder sein aktuelles Weltbild mit der Realität abgleicht. Bestätigt sich dieses Weltbild dabei durchgängig, ist keine Weiterentwicklung der Psyche möglich. Da das Kind den Eindruck erworben hat, seine Eltern ständig steuern zu können, nutzt es diese Möglichkeit automatisch auch aus. Weist man diese Eltern auf das Fehlverhalten ihres Kindes hin, erlangt man kein Erkennen und Verstehen, sondern erntet komplettes Unverständnis, welches sich in der Regel eben in dem Satz »Das hat er/sie aber nicht extra gemacht« äußert. Die Kommunikation ist quasi unmöglich geworden.

- Die Eltern reagieren auf ihre Kinder gegenständlich. Wir unterscheiden nach außen zwei grundsätzliche Reaktions-

Das Konzept »Das Kind ist Teil meiner selbst«

muster, ein zwischenmenschliches und ein gegenständliches. Beim zwischenmenschlichen Reaktionsmuster bin ich mit meinem abgegrenzten Ich zwischen Aktion und Reaktion. Wenn mich jemand anspricht, entscheide ich, ob ich mich demjenigen zuwende oder nicht. Beim gegenständlichen Reaktionsmuster reagiere ich reflexartig, beispielsweise, wenn ich mich stoße. Ich kann in dem Moment nicht überlegen, ob ich mit einem »Aua« oder einem schmerzverzerrten Gesicht reagieren will, sondern es passiert unkontrolliert. Eltern, die Kinder als Teil ihrer selbst verarbeiten, reagieren in letzterer Art und Weise. Spricht das Kind sie an, kommt als reflexartige Reaktion eine sofortige Zuwendung, unabhängig von der konkreten Situation. Aus der Sicht des Kindes reagiert der Erwachsene dabei wie ein Gegenstand, beispielsweise ein Stuhl, der durch die Gegend geschoben werden kann. Dabei verbleibt das Kind in der Phase des frühkindlichen Narzissmusses. Die Nervenzelle Mensch kann sich auf diese Weise nicht ausbilden, und das Kind obliegt weiterhin der Vorstellung, es könne jeden und alles steuern und bestimmen. Ein weiteres Problem ist, dass Impulse des Kindes nicht in Frage gestellt werden, genauso wie keiner einen (Schmerz-)Impuls seines Armes in Frage stellen würde. Es ergibt sich somit als tragisches Problem eine Unfähigkeit der Erwachsenen zur Reflexion kindlicher Aussagen. Verantwortlich sind damit immer andere, also fremde Eltern, fremde Kinder, Erzieher, Lehrer. Dahinter steckt keine aktive Verhaltensweise, es wird den Eltern gar nicht bewusst, dass sie so reagieren.

Das Beispiel Jan

Was es für den Alltag von Kindern, Eltern und Lehrern bedeutet, wenn Eltern eine symbiotische Beziehung mit ihrem Kind eingegangen sind, lässt sich am besten mit einem Fallbeispiel zeigen, von dem mir die Lehrerin einer Grundschule berichtete:

Jan, Sohn einer intakten Mittelschichtfamilie, ist ein achtjähriger Junge, groß gewachsen und äußerlich unauffällig, man würde ihn auf den ersten Blick als nette Erscheinung beschreiben. Auch in seinen schulischen Leistungen sticht er weder positiv noch negativ besonders hervor und liegt meist im Mittelfeld der Klasse.

Jan gilt dennoch an seiner Schule als Problemfall, er hat häufig Streit mit anderen Kindern und große Probleme mit seinen Mitschülern. In der Regel zettelt er selbst diese Streitereien an. Spricht man ihn darauf an, ist er sich allerdings so gut wie nie einer (Mit-)Schuld bewusst. Stattdessen läuft er nach Hause und berichtet dort meist minutiös darüber, was an diesem Tag wieder vorgefallen ist.

Jans Lehrer erleben es dann häufig, dass kurze Zeit später seine Mutter in der Schule aufkreuzt, um sich über die Bosheiten der anderen Schüler gegenüber ihrem Sohn zu beschwe-

Das Beispiel Jan

ren. Versuchen die Lehrer, in diesen Gesprächen deutlich zu machen, dass der Streit von Jan ausging und er entsprechend geregelt werden sollte, weist die Mutter dieses Ansinnen zumeist heftig zurück. Es liegt quasi außerhalb ihres Vorstellungsvermögens, dass ihren Sohn eine Mitschuld treffen könnte. Bisweilen greift auch der Vater in Konfliktsituationen ein, bei ihm geht es sogar so weit, dass er gegenüber anderen Kindern handgreiflich geworden ist. Dass die Streitigkeiten nicht auf der Schülerebene verbleiben, ist auch bei einem Klassenfrühstück mit den Eltern deutlich geworden. Auf die Probleme mit Jan angesprochen, beschimpfte seine Mutter eine andere mit primitiven Ausdrücken, die man ihr ansonsten kaum zugetraut hätte.

Wegen häufiger Konzentrationsstörungen des Jungen im Unterricht bittet die Lehrerin Jans Eltern zu einem Gespräch. Sie erzählt, dass er häufig ermahnt werden müsse, endlich mit der gestellten Aufgabe zu beginnen, und sich auch sonst sehr viel ablenken ließe.

Ergebnis des Gesprächs: Jans Mutter konsultiert verschiedenste Ärzte, die eine Diagnose für das Verhalten ihres Sohnes stellen sollen. Heraus kommen beispielsweise »auditive Wahrnehmungsstörungen«, »ADS«, »verträumtes ADS« etc., eine ganze Reihe von Diagnosen, denen prompt die entsprechenden Therapieangebote folgen. Als Krönung fragt Jans Mutter die Lehrerin, ob sie ihrem Sohn Ritalin oder ein ähnliches Präparat geben solle, damit er aufmerksamer werden könne, woraufhin die Lehrerin sie darauf hinweisen muss,

Das Konzept »Kind« – Was die Beziehungsstörungen bewirken

dass sie mangels medizinischer Kenntnisse darüber keine Entscheidung treffen könne.

Auch hinsichtlich der schulischen Leistungen des Kindes läuft nichts ohne die Eltern, speziell die Mutter. Nach einer Leistungsabfrage in Mathe, bei der Jan drei Fehler unterlaufen sind, steht die Mutter am nächsten Tag wieder vor der Lehrerin, weint und will wissen, wie das denn möglich sei, sie habe doch sage und schreibe zwei Stunden mit ihm geübt. Als er bei einer weiteren Leistungsabfrage von der Nachbarin abschreibt und dafür zur Rede gestellt wird, behauptet seine Mutter nach Rücksprache mit Jan, er könne auf keinen Fall abgeschrieben haben.

Sie geht schließlich sogar so weit, den Schulverweis eines anderen Kindes zu fordern, mit dem ihr Sohn häufig Schwierigkeiten hat. Nach einem entsprechenden Hinweis an die Adresse der Lehrerin, auf den diese jedoch nicht reagiert, ruft sie sofort die Schulbehörde an, um Druck zu machen. Als die Lehrerin ihr erklärt, dieses Verhalten für inakzeptabel zu halten, bricht sie erneut in Tränen aus und bittet, ihr Verhalten nicht übel zu nehmen.

Jan selbst hält sich in der Schule immer weniger an Regeln. Wird er ermahnt, duckt er sich, als ob er Schläge erwartet, und behauptet daheim, sehr scharf gemaßregelt worden zu sein. Mittlerweile sind sogar Fälle bekannt geworden, in denen er Mitschüler erpresst hat.

Das Beispiel Jan

Dieser Fall ist für mich alltäglich, ich arbeite sehr viel mit Schulen und Kindergärten zusammen und werde immer und immer wieder mit ähnlich gelagerten Vorkommnissen konfrontiert, und zwar in einer Häufigkeit, die langsam, aber sicher die Ausnahme zur Regel werden lässt.

Jans Mutter befindet sich in einer Symbiose und kann daher das Kind nicht mehr mit der notwendigen Distanz betrachten. Das lässt sich an mehreren Verhaltensweisen klar erkennen. So ist es für sie unmöglich, überhaupt nur in Erwägung zu ziehen, dass die Verantwortung für manche Streiterei bei Jan liegen könnte. Das ist keine Böswilligkeit von ihr, sondern auf Grund der symbiotischen Störung, bei der ihr Kind psychisch von ihr als eigener Körperteil verarbeitet wird, kann sie nicht erkennen, dass dieser Körperteil in Wirklichkeit ein autonomes Individuum ist, welches eigenständig handelt (ob nun falsch oder richtig). Sie geht daher automatisch davon aus, wenn ein Nichtfunktionieren (Streit, schlechte Schulleistungen) erkannt wird, müsse es außerhalb des Kindes/Körperteils liegende Gründe geben, die verantwortlich gemacht werden können – deshalb die zum Teil sogar aggressiven Reaktionen auf andere Kinder bzw. deren Eltern oder natürlich gerade auch gegen Lehrer.

Am Beispiel von Jans Mutter ist auch sehr schön zu erkennen, wie symbiotische Eltern »für ihre Kinder in die Schule gehen«. Diese Formulierung verwende ich häufig, sie ist im ersten Moment vielleicht schwer vermittelbar. Doch bei Jans Mutter wird ganz plastisch, was damit gemeint ist: Die verhauene Mathearbeit, die an sich nur eine Marginalie darstellt, auf die entsprechend souverän reagiert werden könnte, wird für diese Mutter zur existenziellen Bedrohung ihrer selbst. Nicht ihr Sohn hat eine schlechte Leistung abgeliefert, sondern sie selbst hat versagt, so ihre Wahrnehmung.

Auch der Ruf nach Diagnose und Therapie von außen, der in Besuchen bei mehreren Ärzten mit verschiedenen Ergebnissen mündet, ist typisch. Es kann gar nicht erst in Erwägung gezogen werden, das eigene Verhalten zu hinterfragen, da ein Körperteil, der nicht funktioniert, nur krank sein kann.

Mitten aus dem Leben: Hausaufgabenkontrolle durch den Lehrer

Wie unterschiedlich sich die Konzepte vom Kind im Schulalltag auswirken, will ich an einem wichtigen Beispiel aus dem schulischen Umfeld darstellen: die Hausaufgaben bzw. deren Vergabe und Kontrolle durch den Lehrer.

Es geht also hier nicht um die häusliche Hilfe bei den Hausaufgaben an sich, sondern darum, wie der Lehrer damit umgeht.

Ein Grundschullehrer, der seine Schüler als Kinder sieht, also dem entsprechenden Konzept folgt, wird es für selbstverständlich erachten, die gestellten Aufgaben zu überprüfen. Er wird schauen, ob die Schüler die Aufgaben überhaupt erledigt haben, er wird einen Blick darauf haben, ob die Aufgaben einigermaßen sauber und ordentlich ausgeführt

Mitten aus dem Leben: Hausaufgabenkontrolle durch den Lehrer

sind, und er wird sie auf inhaltliche Richtigkeit prüfen. Fehler, ob nun in der Form oder im Inhalt, wird dieser Lehrer entsprechend korrigieren, je nach Art des Fehlers wird er dabei ein angemessenes Maß und eine angemessene pädagogische Vorgehensweise finden, um dem Schüler zu vermitteln, wie dieser die Bearbeitung der Aufgaben zu verändern hat. Diese Korrekturen werden dabei keinesfalls als Bestrafung des Schülers gesehen, sie sind auch nicht so gemeint. Sie dienen vielmehr neben der reinen Stoffvermittlung dem Zweck, dem Schüler immer wieder Struktur zu geben, indem er an bestimmte Arbeitsweisen und Abläufe gewöhnt wird.

All dies klingt eigentlich nicht ungewöhnlich, wird aber schon vom Lehrer, der das Konzept vom Kind als Partner verinnerlicht hat, nicht mehr vorgelebt werden. Dieser unterliegt schwerpunktmäßig der Vorstellung, dass das Grundschulkind bereits eigenverantwortlich arbeitet, also in der Lage ist zu sehen, dass es die Hausaufgaben macht, um sich selbst Wissen für zukünftige Aufgaben anzueignen. Falls der Lehrer sich das Ergebnis anschaut, wird er es durchaus mit dem Schüler besprechen. Möglicherweise spricht er dabei sogar eine Empfehlung aus, dieses oder jenes zu verändern oder etwas ganz neu zu machen. Es bleibt jedoch bei einer Empfehlung, sein Konzept wird ihn dazu bewegen, es dem Kind offenzulassen, ob es sich nach den Vorschlägen des Lehrers richtet.

Der Lehrer, der das Konzept hat, vom Kind geliebt werden zu wollen, wird möglicherweise die Hausaufgabenkontrolle weitestgehend offenlassen, wenn er überhaupt noch Aufgaben stellt. Er fürchtet die Auseinandersetzung mit seinen Schülern über nicht oder falsch gelöste Aufgaben, und er hält es auch für einen positiven Aspekt, wenn Schüler ihn mögen, weil er der Lehrer ist, der nie Hausaufgaben aufgibt.

Kapitel 3

Kommunikationsstörungen als Hintergrund des Dilemmas – Was meinen wir eigentlich, wenn wir Kind sagen?

Miteinander zu reden ist immer die beste Lösung, wenn es gilt, Probleme zu lösen. Doch oft ist es gar nicht so einfach mit der Kommunikation. Verschiedene Menschen benutzen zwar die gleichen Begriffe, reden jedoch von ganz unterschiedlichen Dingen. Genau das passiert auch in der Diskussion über Kinder: Wir reden alle vom Kind, meinen aber unterschiedliche »Objekte«. Auch das ist ein Ergebnis der unterschiedlichen Konzepte vom Kind, aus denen sich die Beziehungsstörungen ergeben. Ich stelle es hier dar, um zu zeigen, wie zentral dieses Kommunikationsproblem ist, wenn es darum geht, Lösungsansätze für die Misere zu finden.

Wir haben dieses Kommunikationsproblem dabei auf mehreren Ebenen. Kommunikation funktioniert heute oftmals nicht mehr:

- zwischen Lehrern untereinander im Kollegium,
- zwischen Lehrern und Schülern,
- zwischen Lehrern und Eltern,
- zwischen Eltern und Kind,
- zwischen Großeltern und Eltern,
- zwischen Eltern untereinander als Paar.

Das Gespräch zwischen den Erwachsenen, also Eltern, Lehrern, Erziehern, Großeltern, *über* die Kinder funktioniert häufig genauso wenig, wie wir eine zunehmende Funkstille *zwischen* diesen Erwachsenen-Gruppen und Kindern feststellen müssen, wenn Letztere die Möglichkeit zur gesunden psychischen Reifeentwicklung nicht mehr haben.

Warum können Erwachsene heute nicht mehr problemlos über Kinder sprechen? Zwar reden alle über Kinder: Eltern, Erzieher, Lehrer, Wissenschaftler, Buchautoren, Journalisten und vor allem auch Politiker aller Couleur. Ein Bildungsgipfel folgt dem nächsten, Diskussionen über eine Erhöhung des Kindergeldes um zehn Euro füllen wochenlang die Schlagzeilen und Literatur über Kinder füllt Regalmeter um Regalmeter in Buchhandlungen und Bibliotheken.

Dabei sind alle nach bestem Wissen und Gewissen bemüht, die Situation zu verbessern und innovative Ansätze zu finden. Und doch müssen wir steigende Zahlen problematischer, nicht entwickelter Kinder konstatieren, ohne bei aller Kommunikation genügend tragfähige Analysen zu bekommen. Denn bei allem Reden und Schreiben dieser Grup-

Kommunikationsstörungen als Hintergrund des Dilemmas

pen übers Kind bilden die vorgenannten unterschiedlichen Konzepte die Grundlage. So können sie letztlich doch nicht wirklich zusammenkommen. In immer größerem Umfang reden all diese Gruppen von ganz unterschiedlichen Objekten.

Die wenigsten meinen heute wirklich noch ein Kind, wenn sie vom Kind reden. Diejenigen, denen das gelingt, sehen Kinder in ihrer natürlichen Unreife, sie wissen, dass Kinder in allen Bereichen lernen müssen, um im Leben klarzukommen, und dabei der ständigen liebenden Begleitung durch Erwachsene bedürfen. Die natürliche Hierarchie, die dafür unumgänglich ist, begreifen sie nicht als Repression in Richtung auf das Kind, sondern als Schutzfunktion, die eines besonderen Verantwortungsbewusstseins bedarf. Im heute kaum noch gebräuchlichen Wort des »Schützlings« kommt diese Einstellung gut zum Ausdruck. Das Kind, welches als Schützling gesehen wird, kann sich hierarchisch nur *unter* demjenigen befinden, der es schützt. Es erleidet aber dadurch keinerlei negative Einflüsse.

Warum das so wichtig ist, lässt sich gut an Beispielen aus dem Sport zeigen. Ganz egal, um welche Sportart es geht, ist es beim Training wichtig, dass die Rollen zwischen Trainer und Schüler klar verteilt sind. Der eine gibt die Linie vor, der andere folgt ihr und lernt daraus.

Letzteres ist im Übrigen eine ganz zentrale Angelegenheit. Das Anleiten und Vorgeben des Trainers beim Sportler bzw. des Erwachsenen beim Kind dient nicht dazu, willige

Befehlsempfänger heranzuzüchten, sondern es hilft, Selbstständigkeit zu lernen. Weder Olympiasieger noch selbstbewusste, eigenständige Erwachsene sind bisher vom Himmel gefallen, soll heißen: als solche geboren worden. Ihre Leistungsfähigkeit verdanken sie einer optimal begleiteten Entwicklung, ob nun als Sportler oder als Mensch.

Der Trainer also ist derjenige, der seinen Schüler coacht und ihn dabei immer wieder spiegelt, also ihm sein Fehlverhalten aufzeigt und ihn weiter üben lässt. Dabei tritt er keineswegs autoritär im Kasernenhofton auf, sondern widmet sich seinem Schüler mit aktiver Zuwendung. Denn genauso wie ein Schüler, der begonnen hat, eine neue Sportart zu erlernen, ein Anfänger auf diesem Gebiet ist, so ist ein Kind ein Lebens-Anfänger. Bei beiden werden die Bemühungen, sich zu verbessern und zu lernen, vom in der Hierarchie Übergeordneten (Trainer/Erwachsener) gewürdigt, indem gelobt und anerkannt wird. In der Hierarchie übergeordnet ist der Trainer dabei übrigens qua Funktion, nicht weil er sich selbst aktiv überordnen würde. Auch das trifft für Erwachsenen-Kind-Beziehungen zu: Erwachsene stellen sich nicht über Kinder, sie wissen intuitiv, dass Kinder Anleitung und Führung brauchen, weil sie eben noch nicht voll entwickelt sein können.

Beim Sporttrainer ist am Beginn des Trainings, wenn sein Schüler noch ein Anfänger ist, auch Kontinuität in den Übungen wichtig, es wird nicht heute dies und morgen jenes trainiert, sondern es ist wichtig, die Grundlagen für späteres ausgefeilteres Ausüben der jeweiligen Sportart zu legen. Erst nach Jahren des Trainings ist eine taktische Beratung möglich, welche über reines Erklären eine verfeinerte Spielweise und das Erreichen anderer Leistungsniveaus zum Ziel hat. Übersetzt in die Sphäre der Kindesentwicklung bedeutet das den Übergang vom traditionellen zum modernen Denken, bei dem das ältere Kind wesentlich stärker in die Entscheidungsprozesse mit eingebunden wird.

Doch noch einmal zurück zum Einüben der Grundlagen. Es ist häufig eher schädlich, wenn von Seiten des Sportlers zu viel über diese Übungen räsoniert wird. Sie müssen im Großen und Ganzen auf Anleitung des Trainers ohne großes Nachfragen absolviert werden, da es andernfalls zu einer so genannten kognitiven Blockade kommen kann. Anders gesagt: Überlege ich als Tennisspieler im Training vor jedem Schlag zunächst, ob ich ihn sinnvoll finde oder vielleicht ganz anders ausführen würde, ist der zu schlagende Ball meist längst außer Reichweite. Dabei geht es hier noch gar nicht um Feinheiten, sondern um Automatismen im Umgang mit dem Ball.

Der Schüler würde außerdem den Trainer in diesem Fall nicht mehr als Lehrer sehen, sondern als Spieler auf der gleichen Stufe, der ihm die Trainingsmethoden erläutern muss, damit er nach ihnen handeln kann. Er würde aber dem Voranschreiten seiner spielerischen Fähigkeiten damit keinen Gefallen tun. Endlose Diskussionen statt ständigen Trainings würden keine Weiterentwicklung bringen.

Wer das Kind als entwicklungsbedürftiges Wesen sieht, meint noch wirklich das Kind, wenn er diesen Begriff benutzt. Es ist mir als Kinderpsychiater zu 100 Prozent möglich, mit diesen Personen über Kinder zu kommunizieren, weil wir vom gleichen Objekt sprechen, Empfänger und Sender liegen im kommunikationstheoretischen Sinne auf einer Wellenlänge.

Schwieriger wird die Kommunikation bereits in dem Moment, wo ein Part der Kommunikation vom Kind als Partner spricht, während der andere nach wie vor das Kind als Kind sieht. Dieser Unterschied, auf der einen Seite »Kind als Kind«, auf der anderen Seite ein anderes Konzept, führt bei den unterschiedlichsten Kommunikationssituationen zu immer fruchtloseren Gesprächen.

Lehrerkollegium:
Kommunikation zwischen Lehrern über Kinder

Die Tragik der immer stärker stockenden Kommunikation lässt sich besonders deutlich anhand der so wichtigen Gespräche innerhalb des Lehrerkollegiums von Grundschulen verdeutlichen. Während die einen Lehrer derjenigen Gruppe angehören, die ihren Schülern als Leitfigur dienen, sie als Kinder/Schüler sehen und entsprechend führen, so lassen es die partnerschaftlich orientierten Kollegen genau daran fehlen. Sie sehen die Schüler auf einer Ebene mit sich, genauso

Lehrerkollegium: Kommunikation zwischen Lehrern über Kinder

wie sie es – richtigerweise – mit anderen Erwachsenen machen würden. Der Schüler ist dabei der Partner, der selbstständig (in Wirklichkeit aber selbstbestimmend) und selbstverantwortlich handelt und lernt. Diese Gruppe Lehrer sieht nicht, dass diese Form des Arbeitens erst ab dem Jugendalter möglich ist und ihre Schüler über die Beziehung zu ihnen lernen müssten.

Weil für diese, sich als besonders aufgeklärt fühlende Gruppe – zumindest in der Theorie – selbstverständlich ist, einen anderen Erwachsenen nicht als in der Hierarchie untergeordnet zu begreifen, übertragen sie dieses Konzept auch auf ihre Schüler. Sehen diese Lehrer nun einen Kollegen, der nach dem erstgenannten Konzept Kinder als Kinder und damit in einer natürlich untergeordneten Rolle sieht, hat dieses Verhalten für sie den Anschein einer Missachtung der Schüler. Lehrer, die sich als Leitfigur und nicht als Partner ihrer Schüler begreifen, werden dementsprechend von ihrer Umwelt in zunehmendem Maße als kritisch beäugt, ja bisweilen sogar als reaktionär empfunden. Sie gelten plötzlich als lieblos, konservativ, sogar explizit als kalt und abweisend, obwohl sie meistens keine nennenswerten Schwierigkeiten mit ihren Schülern haben.

Auf Grund der vorliegenden Kommunikationsstörung ist dann auch eine Vermittlung zwischen den jeweiligen Fronten kaum möglich. Das führt dazu, dass notwendige Diskussionen über den Umgang mit bestimmten Schülern, über Konzepte der Schule und über ganz alltägliche Dinge der

Organisation des Schulalltags regelmäßig in die Ergebnislosigkeit führen, ja sogar führen müssen.

Wenn ein Schüler nicht den Vorstellungen des Lehrers gemäß handelt, würde ein Lehrer, der den Schüler als Kind sieht, ihn in seinem Verhalten korrigieren. Verweigert der Schüler diese Korrektur, würde er dementsprechend mit einer pädagogischen Maßnahme belegt. Übrigens kann man hieran sehr gut erkennen, wann die Pädagogik ins Spiel kommen muss, nämlich erst dann, wenn das Kind als Kind gesehen wird und von seinem psychischen Reifegrad in der Lage ist, die Maßnahme anzunehmen.

Auf Grund der partnerschaftlichen Sichtweise wird eine Verweigerungshaltung des Kindes häufig nicht mehr als solche erkannt. Der auf eine falsche Art und Weise um das Kind bemühte Lehrer ist dann in Gefahr, sich Erklärungsansätze zu suchen, wenn der Schüler eine Leistung nicht erbringt. Ich erlebe derzeit bei meiner Arbeit mit Schulen häufig, dass Lehrer nach Diagnosen suchen, um das Verhalten von Kindern zu erklären. Sie merken dabei nicht, dass sie ihre angestammte Rolle verlassen und zum Diagnostiker werden.

Bei dieser Diagnose steht derzeit das immer noch schwer zu greifende ADHS ganz oben auf der Beliebtheitsliste, meist wird dem betreffenden Erziehungsberechtigten dringend empfohlen, dieses Kind einem Therapeuten vorzustellen, um das Fehlverhalten dort korrigieren zu lassen. Dieses symptomorientierte Denken ist typisch für Lehrer mit dem Konzept »Kind als Partner«.

Lehrerkollegium: Kommunikation zwischen Lehrern über Kinder

Würde ihn ein Lehrer, der Kinder als Kinder sieht, auf diese Verhaltensweise aufmerksam machen, liefe er, wie bereits angedeutet, Gefahr, als missachtend abgeurteilt zu werden. Dabei ist es tatsächlich so, dass sich sein Kollege dem Kind gegenüber missachtend verhält. Der partnerschaftsorientierte Lehrer stellt für das Kind kein ausreichendes Gegenüber dar, das es aber dringend bräuchte. Kinder haben ganz klar einen natürlichen Anspruch auf Erwachsene, die sich ihnen als ein Gegenüber mit eindeutigen Reaktionen präsentieren. Nur dadurch können Kinder in der Schule einen Beitrag zu ihrer Reifeentwicklung erhalten und beispielsweise aus Konflikten lernen.

Die Aufgabe des Lehrers ist es, seine Schüler immer wieder liebevoll zu spiegeln und sie zu lenken. Ein Schüler, der vom Lehrer immer nur signalisiert bekommt, er sei sein Partner, erhält gar nicht die Chance festzustellen, dass man sich mitunter nach anderen Menschen ausrichten muss bzw. das Wissen und die Erfahrung anderer anerkennen sollte, und dass es dabei nicht immer nach der eigenen Nase geht.

In zunehmendem Maße gibt es auch Lehrer, die selbst bei größeren Vergehen von Kindern diese nicht mehr adäquat regeln. Diese sich in der Beziehungsstörung der Projektion befindlichen Lehrer missbrauchen ihre Schüler unbewusst emotional, indem sie sich von ihnen die Liebe und Anerkennung holen, die sie aus ihrem eigenen Umfeld nicht mehr erfahren. Angemessene Reaktionen auf kindliches Fehlverhalten sind dieser Gruppe unmöglich, da sie ständig die Befürchtung hegen würde, von ihren Schülern nicht mehr gemocht zu werden.

Auch hier ist eine sinnvolle Kommunikation über Kinder und den Umgang mit ihnen quasi ausgeschlossen. Spricht ein solcher Lehrer innerhalb seines Kollegiums mit einem Kollegen, der Kinder noch als Kinder sieht und als Gegenüber auftritt, wird er diesem mit Unverständnis begegnen. Sie können sich lange über denselben Schüler unterhalten, werden jedoch nicht mehr auf eine Ebene kommen, die diesem nutzt. Würde beispielsweise der Lehrer, der die Schüler als Kinder sieht, seinem Kollegen Ratschläge geben, wie er bei einem bestimmten Schüler eine Verbesserung der Leistung erreichen kann, etwa durch verstärktes Üben bestimmter Inhalte, so wäre das zum Scheitern verurteilt. Der Lehrer, der gemocht werden möchte, könnte es nicht ertragen, wenn das Kind die Anweisung zum verstärkten Üben ablehnte, und würde die geplante Maßnahme sicherheitshalber beenden. Er könnte also eine gut gemeinte und richtige Beratung gar nicht umsetzen, weil er das Kind auf einer ganz anderen Ebene betrachtet, als es ein unabhängiger Ratgeber zwangsläufig sehen würde. Dabei besteht die Tragik dieser gestörten Kommunikation darin, dass Probleme mit und von Schülern, die dringend einer Lösung bedürften, ständig vertagt, kaputt geredet und schließlich gar nicht mehr gelöst werden, weil die unterschiedlichen Konzepte vom Kind nicht zueinanderpassen.

Der klassische Ort für diese Kommunikationsstörungen

zwischen Lehrern ist übrigens die Lehrerkonferenz. Hier wird ganz offensichtlich, wie unterschiedlich Lehrer auf bestimmte Beschlüsse der Konferenz reagieren. Es kann etwa dazu kommen, dass solche Beschlüsse in der Praxis gar nicht mehr umgesetzt werden, weil sie nicht dem jeweiligen Konzept des Lehrers entsprechen. Die Beteiligten kommunizieren also völlig aneinander vorbei, der Sinn von solchen Konferenzen ist dahin, auch wird tendenziell die Schule als solche unglaubwürdig, wenn nicht erkennbar ist, nach welcher Linie im Kollegium generell verfahren wird.

Kommunikation zwischen Lehrern und Schülern

Der Erfolg schulischer Ausbildung beruht vor allem darauf, dass Lehrer ihre Schüler erreichen. Erreichen können sie sie zunächst einmal aber nur auf der sprachlichen Ebene, Kommunikation zwischen Lehrern und Schülern steht somit im Mittelpunkt der Bemühungen in der Institution Schule.

Wenn es heute zu Problemen in dieser Kommunikation kommt, hat das häufig den Hintergrund, dass die Lehrer es mit Schülern zu tun haben, die nicht den psychischen Reifegrad ihres tatsächlichen Alters haben, sondern auf Grund fehlender Entwicklung die Psyche eines Kleinkindes aufweisen. Der Lehrer hat somit kaum eine Möglichkeit, mit seinen Arbeitsaufträgen zu den Kindern durchzudringen, da es diesen nicht möglich ist, ihn als Leitfigur zu erkennen.

So sind Lehrer oft gezwungen, bereits einfache Aufträge wie den, ein bestimmtes Buch herauszuholen oder etwas aufzuschreiben, mehrfach zu geben. Was sie dabei vordergründig als Verweigerungshaltung der Schüler erleben, ist in Wirklichkeit von Seiten des Schülers eine unbewusste Überprüfung dessen, was ihm bekannt ist. Die Nervenzellen im Gehirn sind so angelegt, dass sie das, was sie kennen, ständig überprüfen. Kinder, die in einer Symbiose aufwachsen, machen die Erfahrung, ihre Eltern permanent steuern zu können. Sie bringen sie dabei häufig dazu, Aufträge doppelt und dreifach zu geben. Sitzen diese Kinder nun in der Schule, fordern sie diese Erfahrung entsprechend auch beim Lehrer ein. Geht dieser darauf ein, erleben die Kinder eine Bestätigung ihres Weltbildes, alles steuern zu können.

Es ist für Lehrer unglaublich schwierig, aus dieser Situation herauszukommen. Denn selbst, wenn er die Schüler noch als Kinder sähe und intuitiv dazu neigen würde, sich abzugrenzen – das heißt, ein Kind, welches das Herausholen des Buches verweigerte, »links liegen« zu lassen, um ihm zu zeigen, dass es mit diesem Verhalten nicht durchkäme –, hätte er ein Problem. Der Unterricht muss indes weitergehen, das Herausholen des Buches ist für alle Schüler unbedingt notwendig. Der Lehrer hat also im Grunde kaum eine echte Wahl, er ist durch die Umstände gezwungen, dem Kind das falsche Signal zu senden und es in seinem Weltbild zu bestätigen, dass sich alles um es herum steuern ließe.

Grundsätzlich kann die Kommunikation zwischen Lehrern und Schülern also nur dann klappen, wenn Lehrer Kinder als Kinder sehen und dabei auf Schüler treffen, die altersgemäß entwickelt sind. Liegt auf einer der beiden Seiten eine Störung vor, kommunizieren beide aneinander vorbei, und die Grundlage für einen erfolgreichen Schulunterricht ist nicht mehr gegeben.

Kommunikation zwischen Lehrern und Eltern

Eltern, die in einer symbiotischen Beziehungsstörung leben, benutzen das Wort Kind im Grunde nur noch als leere Worthülse. Auch sie sagen aus Gewohnheit noch »Kind«, meinen aber etwas ganz anderes, nämlich einen eigenen Körperteil, da das Kind in der Symbiose psychisch wie ein solcher verarbeitet wird. Sie können nicht verstehen, wie jemand denkt, der nicht ständig auf das Kind einwirkt, um etwas zu erreichen. Innerhalb des Lehrerkollegiums wird dieses Problem eher nicht auftreten, symbiotische Störungen sind bei Lehrern so gut wie nie zu beobachten. Muss jedoch ein Lehrer mit Eltern über deren Kind sprechen, die sich in einem symbiotischen Verhältnis zu diesem befinden, ist die Kommunikation von vornherein zum Scheitern verurteilt.

Die Eltern sind nicht in der Lage, ihr Kind aus einer natürlichen Distanz heraus zu betrachten und zu beurteilen. Wenn der Lehrer das Verhalten des Kindes kritisiert, haben sie grundsätzlich Erklärungen für dieses Verhalten, weil sie davon ausgehen, dass das Kind nichts absichtlich machen kann. Beharrt der Lehrer trotzdem auf der Kritik, besteht die Gefahr, dass diese Eltern gegen ihn vorgehen. Die Palette reicht dabei von der Beschwerde bei Schulleitung oder -behörde bis – in Einzelfällen – sogar hin zu tätlichen Angriffen. Eine häufigere Variante ist es, dem Lehrer abzuverlangen, er solle therapeutisch mit dem Kind umgehen.

Die Auswirkungen der mehr und mehr gestörten Kommunikation zwischen Lehrern und Eltern sind mittlerweile dramatisch. Streitigkeiten in diesem Bereich haben in den letzten Jahren enorm zugenommen, viele Berichte in der Presse zeugen mittlerweile davon. Jede Woche ist heute in der Zeitung zu lesen, dass Lehrer Opfer von psychischer oder physischer Gewalt geworden sind bzw. mit allen möglichen, immer häufiger auch juristischen Mitteln bekämpft werden.

Das führt mitunter zu obskuren Situationen wie jener, die mir eine Lehrerin kürzlich schilderte. Am Tag der Einschulung kam ein sechsjähriger Junge in ihrer neuen Eingangsklasse auf sie zu und sagte wortwörtlich folgende Sätze: »Ich wollte mit meinem Freund Adrian in die gleiche Klasse eingeschult werden. Das haben wir vorher gesagt. Aber der ist jetzt in der 1b und ich in der 1a. Mein Vater ist Rechtsanwalt. Da werden Sie schon sehen, was Sie davon haben. Wir verklagen Sie, wenn mein Freund nicht in meine Klasse kommen darf.« Nach diesem Vortrag drehte er sich um und ging.

Was man als kuriosen Einzelfall vielleicht noch belächeln könnte, ist inzwischen bittere deutsche Realität geworden. Der »Spiegel« berichtete etwa im Juni 2008 in einem zweiseitigen Artikel über eine »Klagewelle an deutschen Schulen«. Darin heißt es:

»Dass Anwälte in Streitigkeiten mit Schulen eingeschaltet werden, zählt an deutschen Bildungsanstalten inzwischen zum Alltag. Ob Disziplinarmaßnahmen, Notenvergabe oder Versetzungsentscheidungen – an Konfliktpotenzial herrscht kein Mangel zwischen Eltern und Lehrern. Und die Neigung, den Zwist notfalls sogar vor Gericht auszutragen, nimmt stetig zu.«[7]

Zahlen nennt der Autor des Artikels auch: ein Beschwerdeanstieg ums Vierfache in den letzten zehn Jahren in Bayern, in Nordrhein-Westfalen eine Zunahme ums Anderthalbfache von 2006 auf 2007, insgesamt allein in diesem Bundesland etwa 2000 Verfahren. Und nicht selten geht es darin um Dinge wie diese: Eine Lehrerin habe sich vor einiger Zeit gar dafür rechtfertigen müssen, dass sie mit dem Rotstift korrigiert – »es sei doch ›eine traumatische Erfahrung‹ für ein Kind, wenn es in einer Klassenarbeit derart viele Anmerkungen in der Signalfarbe vorfinde, hielt ihr eine Mutter vor«.[8]

---

7. Kleinhubbert, Guido: Traumatische Erfahrungen. In: DER SPIEGEL Nr. 26 v. 23.06.2008. S. 60f.
8. Ebd.

Solch aggressives, bevormundendes und anmaßendes Verhalten gegenüber Lehrern droht von der Ausnahme zum Normalfall zu werden, die Hemmschwelle scheint von Schuljahr zu Schuljahr niedriger zu liegen.

Interessant dabei ist, nebenbei bemerkt, dass quasi alle angestrengten Gerichtsverfahren dieser Sorte zu Ungunsten der Eltern entschieden wurden. Die Tatsache, dass nicht einmal die offensichtliche juristische Aussichtslosigkeit solcher Klagen viele Eltern davon abhält, diesen Weg zu gehen, macht nur noch offensichtlicher, dass wir es hier nicht mit einem vom Verstand gesteuerten Verhalten zu tun haben, sondern unbewusst emotionale Gründe die Hauptrolle spielen. Nebenbei bemerkt ist diese Situation nicht auf Deutschland beschränkt. Das wurde mir kürzlich wieder klar, als mir ein Bekannter berichtete, in England habe eine Klage Erfolg gehabt, bei der es darum ging, ob Eltern das Recht haben sollen, auch während der Studienzeit ihrer Kinder noch rechtlich verbindlich eingreifen zu dürfen. Dies nur ein Hinweis darauf, dass sich das Verhalten von Eltern in vielen Ländern geändert hat und die Relevanz dieses Themas sich keinesfalls auf Deutschland beschränkt. Gleichwohl sind wir hier nach meinen Beobachtungen stärker betroffen, weil die Kindererziehung zu einem viel größeren Anteil innerhalb der Familien stattfindet, als das in vielen anderen Staaten der Fall ist.

Kommunikation zwischen Lehrern und Eltern ist also in vielen Fällen nicht nur unmöglich, sie wird auch oft gar nicht mehr aktiv angestrebt, sondern in Einzelfällen sogar gleich auf Dienstleister wie Anwälte ausgelagert.

Dabei liegt auf Seiten der Eltern wohl in den meisten Fällen eine Symbiose vor, denn das Verhalten des Kindes wird nicht mehr neutral beurteilt, sondern der Impuls vom Kind ungefiltert verarbeitet – ein deutliches Zeichen für eine symbiotische Beziehungsstörung. Lautet dieser Impuls »Ich bin ungerecht beurteilt worden«, so werden eben die dafür Verantwortlichen ausfindig gemacht und zur Rechenschaft gezogen. Im Regelfall wird dann auf schulischer Ebene der Lehrer zur Verantwortung gezogen oder auch, stellvertretend, gleich der Schulleiter.

Die erschreckende Erkenntnis lautet also: Selbst wenn das Kommunikationsproblem innerhalb des Kollegiums noch gar nicht so bedeutend sein sollte, weil der überwiegende Teil der Lehrer die Schüler durchaus noch als Kinder sieht, fangen spätestens beim Gespräch mit den Eltern die Probleme an. Das eigentliche und viel wichtigere Anliegen, den Kindern gerecht zu werden, gerät über die Streitigkeiten zwischen den Erwachsenen völlig aus dem Blick.

Kommunikation zwischen Eltern und Kindern

Dieser Bereich ist naturgemäß das Zentrum der gestörten Kommunikation. Die Beziehung zu den Eltern ist die früheste, die ein Kind erfährt, und somit entscheidend für seine

Reifeentwicklung. Eltern, die ihre natürlichen Defizite unbewusst übers Kind kompensieren und damit die Beziehung zu ihrem Kind belasten, reden bisweilen viel mit ihrem Kind, insbesondere in der Symbiose; sie erreichen nur nicht den gewünschten Effekt. Auf diese Weise kommt also keine Kommunikation mehr zustande.

Im Partnerkonzept liegt die Störung in der falschen Ansprache des Kindes. Diese ist nicht dazu geeignet, dem Kind den natürlichen Wissens- und Erfahrungsvorsprung der Eltern zu vermitteln, mit Hilfe dessen das Kind die nötige Struktur erhält. Stattdessen bekommt das Kind das Gefühl vermittelt, sich auf Augenhöhe mit Mutter und/oder Vater zu befinden. Dahinter steht das kommunikative Konzept des Erläuterns und Verstehens. Kommunikation darf nach diesem Konzept niemals eine Einbahnstraße sein. Wird dem Kind zu viel Struktur vorgegeben, gerät die Kommunikation nach Meinung der partnerschaftlich denkenden Eltern jedoch schnell in die Gefahr, dem Kind kein Recht auf eine eigene Meinung zuzugestehen. Anders gesagt: Wenn Eltern ihre Kinder als Kinder sehen und sie davor bewahren, ihre Entwicklung nur durch Verstehen von Erklärungen vorantreiben zu sollen, dankt das Kind es mit nonverbaler Kommunikation in Form eines angemessenen Verhaltens gegenüber seinen Mitmenschen.

Während im Partnerkonzept das Gespräch noch im Mittelpunkt steht, seine kommunikative Funktion jedoch missverstanden wird, verweigern Eltern, die das Konzept des

»Geliebt-werden-wollens« verfolgen, ihren Kindern im Grunde genommen die Kommunikation. Das Kind erhält auf jegliches Verhalten keine angemessene sprachliche Rückmeldung, sondern erfährt immer nur: »Ja, du darfst, ja, du kannst.«

In der Symbiose läuft die sprachliche Kommunikationsstörung zweistufig ab, zunächst einmal wird quasi am Kind vorbeigeredet, weil die Handlungen des Kindes kaum wahrgenommen werden. Eltern stört in der Symbiose vieles am Verhalten ihrer Kinder nicht, weil sie falsches Verhalten auf Grund der Psycheverschmelzung nicht wahrnehmen können. Wenn sie also mit ihren Kindern ganz normal reden, obwohl diese sich offensichtlich danebenbenehmen, wird diese Form der Kommunikationsstörung offensichtlich. Wenn die Symbiose so weit vorangeschritten ist, dass die Eltern immer häufiger auf das Fehlverhalten ihres Kindes aufmerksam gemacht wurden und dementsprechend nun versuchen gegenzusteuern, tritt das entgegengesetzte Phänomen auf. Nun wird die Kommunikation aggressiv, Eltern reden dauernd auf ihr Kind ein, um es zu etwas zu bewegen. Auf Seiten des Kindes entsteht dabei indes lediglich das Gefühl, Aufmerksamkeit und Zuwendung zu bekommen. In welcher Form diese Zuwendung erfolgt, ist dabei zunächst einmal egal. Für die Wahrnehmung des Kindes ist nur wichtig: Ich reagiere nicht, Mama und Papa sind ganz bei mir.

Diese Einseitigkeit der Kommunikation hat für beide Seiten fatale Auswirkungen. Die Eltern verstärken ihre Bemühungen, bleiben jedoch erfolglos. Die Folge dieser verzerrten Kommunikation liegt dann in einer Fixierung im frühkindlichen Narzissmus. Das Gegenüber wird nicht als solches erkannt. Kommt es trotzdem zur Kommunikation mit anderen, werden diese häufig den Eindruck haben, mit jemandem zu reden, der gar nicht wirklich reagiert. Die Folgen für Arbeitsverhältnisse und Beziehungen sind katastrophal.

Kommunikation zwischen Eltern und Großeltern

Auch zwischen Großeltern und Eltern ergeben sich mehr und mehr kommunikative Probleme. War es in traditionellen Erziehungsmodellen geradezu ein Vorteil, wenn Kinder sich in einem Großfamilienkonzept aufgehoben fühlen konnten, so wird dieses Konzept, selbst wenn es räumlich möglich sein sollte, zunehmend dadurch torpediert, dass es Eltern und Großeltern nicht mehr gelingt, sich über eine einheitliche Linie im Umgang mit dem Kind zu verständigen.

Besonders fatal wird diese Kommunikationsstörung bei einer sehr beliebten Verhaltensweise von Großeltern. Haben diese das Kind bei sich, verwöhnen sie es häufig mehr, als das bei den Eltern der Fall ist. Dagegen ist grundsätzlich nichts einzuwenden, gehört es doch zu den klassischen Aufgaben der Großeltern, die wir alle kennen und lieben. Und doch gibt es dabei wichtige Punkte zu beachten. Traditionell haben Großeltern zwar diese Verwöhnfunktion übernommen, das Kind aber dennoch als Kind gesehen und es bei Fehlverhalten entsprechend gemaßregelt, also im besten klassischen Sinne erzogen. Heute sind immer mehr Großeltern in der Projektion und verwöhnen unbewusst nicht mehr, um dem Kind etwas Gutes zu tun, sondern um sich selbst Liebe und Anerkennung vom Kind zu sichern.

Wissen diese Großeltern nun, dass das Kind die Dinge, die es bei ihnen darf, daheim nicht erlaubt bekommen würde, sagen sie allzu oft: »Erzähl das aber nicht der Mama oder dem Papa!« Mit diesem scheinbar harmlosen Satz stören sie erheblich, nämlich in doppelter Weise, die Kommunikation zwischen Kind und Eltern. Es ist dem Kind, welches diesen Satz psychisch kaum verarbeiten kann, ja nun verboten, daheim mit den Eltern über ein bestimmtes Thema zu sprechen, von dem es normalerweise wahrscheinlich sogar mit Freude erzählen würde. Dem Kind wird also nicht nur ein unnötiges Schuldbewusstsein eingeredet, es wird auch noch künstlich kommunikativ gegen seine Eltern gesteuert.

Umgekehrt kann es natürlich auch sein, dass eine Beziehungsstörung zwischen Eltern und Kind vorhanden ist, während die Großeltern das Kind noch als Kind sehen. Auch hier besteht die Gefahr, dass es zu Unstimmigkeiten zwischen Großeltern und Eltern kommt, weil beide über verschiedene »Objekte« reden, wenn sie vom selben Kind sprechen. Wenn Großeltern mit der Art des Umgangs, den Eltern mit dem Enkel pflegen, nicht einverstanden sind, kann das zu großen Belastungen für die innerfamiliären Beziehungen führen.

Kommunikation zwischen Paaren

Um noch deutlicher zu machen, welche fatalen Auswirkungen die von mir beschriebenen Beziehungsstörungen für unser gesamtes Leben haben, möchte ich noch ein paar Worte dazu verlieren, was sich in den Familien und innerhalb der Paarbeziehungen abspielt, die mit problematischen Kindern leben.

Es ist ganz offensichtlich, dass mit den falschen Verhaltensweisen vieler Erwachsener nicht nur viele weitgehend arbeits- und beziehungsunfähige Kinder und Jugendliche herangezogen werden, sondern dass auch die Paarbeziehungen unter den Erwachsenen selbst erheblich darunter leiden, wenn bei einem Partner eine Beziehungsstörung zum Kind vorliegt und beim anderen nicht. Es entzündet sich in solchen Fällen allzu leicht ein Dauerstreit, der bis zum Bruch der Beziehung führen kann.

Nehmen wir hierzu ein Beispiel: Fußballabend bei Familie Schmidt. Man hat Bekannte eingeladen, um gemeinsam ein wichtiges Spiel zu schauen. Anpfiff ist um 20.45 Uhr. Für den fünfjährigen Max, Sohn der Schmidts, der normalerweise um 20.00 Uhr im Bett verschwunden ist, sollte der gewohnte Ablauf auch für diesen besagten Abend gelten. Da der Kleine jedoch merkt, dass am Abend etwas Aufregendes stattfinden soll, und auch mitbekommen hat, dass es Fußball im Fernsehen gibt, nörgelt er herum und verlangt, aufbleiben zu dürfen. Herr Schmidt sieht das Kind als Kind, lässt sich nicht auf Diskussionen ein und bedeutet seinem Sohn, dass an länger aufbleiben nicht zu denken sei und er selbstverständlich zur gewohnten Zeit ins Bett gehe. Frau Schmidt sieht das ganz anders. Sie hat von Beginn an ihr Kind auf einer partnerschaftlichen Ebene betrachtet und findet, diese Entscheidung müsse zumindest dem Kind gegenüber begründet werden. Sie kann sich unmöglich damit abfinden, dass ihr Mann dem Jungen sein Begehr schlicht und ergreifend verweigert, da sie der Ansicht ist, einem sich auf gleicher Stufe befindlichen Partner könne man nichts verweigern, ohne dass sich bei diesem zumindest die durch Erklärungen idealerweise hervorzurufende Einsicht einstellt. Während er also eine ihm zustehende Entscheidung trifft, kritisiert sie ihn dafür im Angesicht des Nachwuchses.

Ein solches Verhalten der Frau gegenüber ihrem Mann schwächt ihn jedoch erheblich vor dem Kind, gar nicht davon zu reden, welche fatalen Auswirkungen die differierenden Ansichten der Eltern auf das Kind haben, handelt es sich doch um eine günstige Ausgangsbasis, um seine Eltern gegeneinander auszuspielen. Zusätzlich ist, wie bereits beschrieben, eine zielführende Kommunikation über diesen Vorgang unmöglich, da beide zwar von ihrem Sohn sprechen, dabei aber unterschiedliche »Objekte« meinen. Da es im Alltag viele solcher kleinen Entscheidungen gibt, wird es in der Familie Schmidt immer wieder zu ähnlichen Vorkommnissen kommen, die mittel- und langfristig die Paarbeziehung der Eltern erheblich belasten. Eine Chance besteht in dieser Situation im Grunde lediglich in Form einer Selbsterkenntnis bei demjenigen, der sich in einem partnerschaftlichen Konzept gegenüber dem Kind befindet, im Beispiel die Mutter. Erst dann, wenn beide dasselbe meinen, wenn sie also vom Kind als Kind reden, wäre es möglich, wieder zu einer insgesamt befriedigenden Familiensituation zu kommen, die auch dem Sohn eine Chance auf optimale psychische Entwicklung böte.

Es wird heute viel darüber geredet, Kinder seien ein Armutsrisiko. Der fehlende Ausgleich für finanzielle Mehrbelastungen ist in der Tat ein wichtiges Thema. Das Risiko jedoch, dass Kinder, die eigentlich gerade der offenkundigste Beweis für die Liebe zweier Menschen sein sollten, zur Gefahr für ebendiese Liebe werden, wird kaum erkannt.

Im beschriebenen Fall der Familie Schmidt sind je nach Art der vorliegenden Beziehungsstörung weitere die Beziehung zwischen den Eheleuten belastende Situationen denkbar. Läge bei Frau Schmidt bereits eine Störung in Form einer Projektion vor, könnte sie das Verbot, welches ihr Mann ausspräche, erstens auf sich selbst beziehen und zweitens als vollkommen überzogen betrachten. Sie würde sich in diesem Fall von ihrem Mann persönlich angegriffen fühlen, weil es ihr vorkäme, als habe er *ihr* das Fußballspiel verboten. In der verbalen Argumentation würde sie vielleicht vorbringen, das sei »doch alles gar nicht so schlimm, der Junge ist doch nur ein Kind, man kann ihm doch nicht alles verbieten«. Die Angst, sich den Unmut des Kindes zuzuziehen, wenn sie das Verbot des Vaters bestätigte, ist unbewusst größer als das Wissen, dass ein Kind dieses Alters um diese Zeit seinen Schlaf braucht, um am nächsten Tag ausgeruht zu sein. Sie hat dieses Wissen zwar in sich, kann es aber nicht umsetzen, weil sie befürchtet, die Liebe ihres Kindes zu verlieren.

Im Rahmen einer symbiotischen Beziehungsstörung könnte die Mutter die Entscheidung des Vaters überhaupt nicht mehr akzeptieren, da sie es psychisch so verarbeiten würde, als wenn er einem Körperteil ihrer selbst die Bewegung verbieten wollte. Da das niemals möglich wäre, würde sie gegen den Widerstand des Ehemannes dem Kind das Fernsehen erlauben und damit erst recht geradeaus in den ehelichen Streit steuern. Der Vater hätte in diesem Fall, weil er seinen Sohn als Kind sähe, die klare Maßgabe, kleine Kinder haben zu späterer Stunde zu schlafen und außerdem wenig bis gar kein TV zu schauen. Würde der Vater es schaffen, den Fernseher auszumachen, wäre es denkbar, dass die Mutter ihn wieder anmachte. Der Mutter wären die natürlichen Maßstäbe verloren gegangen, da sie ihr Kind zwar nach außen noch scheinbar als ein solches behandelte, innerlich jedoch mit ihm verschmolzen und sich nicht bewusst wäre, dass sie es unangemessen behandelte und auch ihrem Mann gegenüber unangemessen aufträte. Bleibt anzumerken, dass die Rollenverteilung in diesem Beispiel willkürlich gewählt ist und genauso gut vertauscht werden kann.

Gestörte Kommunikation in meiner Praxis – Ein Beispiel

Wie soll es möglich sein, sich über eine gesunde Entwicklung von Kindern zu verständigen, wenn alle Beteiligten von vollständig unterschiedlichen Objekten sprechen? Wenn es zwar eigentlich allen nur ums Beste für das Kind und seine Entwicklung geht, letztlich jedoch unbewusst bei einem Großteil der Menschen lediglich das eigene Wohlergehen eine Rolle spielt, für die das Kind auf unterschiedliche Art und Weise funktionalisiert wird?

Grundsätzlich wäre festzuhalten: Um die offen zu Tage liegenden Probleme mit Kindern und Jugendlichen in den Griff zu bekommen, ist es dringend notwendig, an einem Strang zu ziehen und auf eine gemeinsame inhaltliche und konzeptionelle Ebene zu kommen. Das kann aber nur gelingen, wenn die Ideologie von Kindern als Partner durchbrochen wird, wenn Erwachsene erkennen, dass sie Kinder auf eine unangemessene Art und Weise behandeln, indem sie sie als Anerkennungslieferanten missbrauchen. Solange diese Prozesse nicht in Gang kommen, werden wir weiterhin verzweifelt versuchen, uns über angemessene Vorgehensweisen in der Kindererziehung und -entwicklung zu unterhalten und müssen dabei feststellen, dass wir einander nicht verstehen können.

Welche Auswirkungen mittlerweile eine Fixierung im frühkindlichen Narzissmus hat, lässt sich an einem Fall aus meiner Praxis verdeutlichen, der selbst in dieser extremen Form leider repräsentativ für das ist, was ich ständig vor Augen geführt bekomme. Er zeigt exakt die Richtung auf, in die sich diese Kommunikationsebene mittlerweile bewegt.

Es handelt sich dabei um einen dreizehnjährigen Jungen. Der familiäre Hintergrund ist geradezu ideal, gut situierte Eltern, die sich mit Engagement ihrem Kind widmen. Der Junge ist jedoch trotzdem massiv auffällig, widersteht allen gut gemeinten Erziehungsversuchen von Vater und Mutter. Seine Verfehlungen liegen dabei weit außerhalb dessen, was als gelegentlicher Streich oder harmloser Unsinn gelten kann. So ist es vorgekommen, dass er sich mit dem Fahrrad auf die Autobahn begeben hat oder im elterlichen Haus ein Basketballspiel mit sich selbst durchgeführt hat, nicht ohne dabei die Wände komplett zu ruinieren. Diese und viele andere Aktionen bedeuten für die Eltern eine erhebliche Belastung, die sich täglich auf das gemeinsame Leben auswirkt. Die Strapazen, die sich durch das Verhalten des Kindes für das Zusammenleben der Familie ergeben, erstrecken sich bis in den Freundeskreis der Eltern und wirken sich entsprechend negativ auf das Berufsleben von Vater und Mutter aus, da der ständige Druck durch den Sohn zu erheblichen nervlichen und zeitlichen Schwierigkeiten führt.

Es ist mir bisher nicht gelungen, das symbiotische Verhältnis der Mutter zu ihrem Sohn aufzubrechen, so dass dieser weiterhin in seiner narzisstischen Verhaltensweise verbleibt. Als ich ihn zu seiner aktuellen Situation befrage, lautet seine Antwort: »Mir geht es gut.« Auf weitere Nachfrage, ob sich bei ihm etwas verändert habe, teilt er mir mit, er sei 13 Jahre alt geworden.

An diesem Verhalten wird sehr deutlich, worin das Problem dieses Jungen besteht. Noch vor nicht allzu langer Zeit hätte ich seine Antwort schlicht als Respektlosigkeit mir gegenüber aufgefasst. Es wäre normal gewesen, dass er begreift, dass er wegen andauernden Fehlverhaltens bei mir in Behandlung ist und ich natürlich wissen möchte, ob er an seinem Verhalten etwas verändert hat und ernsthaft beabsichtigt, künftig weniger Mist zu bauen.

Hier jedoch haben wir es mit besagtem Kommunikationsproblem zu tun. Dieser Junge kann meine Frage tatsächlich nicht verstehen, ihr Sinn erreicht ihn nicht. Da der Junge sich in der frühkindlich-narzisstischen Phase befindet und keinerlei menschliches Gegenüber und somit auch keine Beeinflussungsversuche von außen wahrnehmen kann, ist er auch nicht in der Lage, sich als Problemverursacher zu erkennen bzw. sein Verhalten überhaupt als negativ einzuschätzen.

Vom Stand seiner psychischen Entwicklung aus betrachtet, ist es für dieses Kind so, als lebe es alleine auf der Welt. Um Handlungsfehler bei sich zu bemerken, müsste es bei ihm ein entwickeltes Bewusstsein dafür geben, dass er mit seinem Tun andere Menschen schädigt oder traurig macht. Dieses kann er jedoch gar nicht haben, da seine psychisch mit ihm verschmolzenen Eltern es ihm nie ermöglicht haben, sich als abgegrenztes Individuum zu erfahren, welches nur in Interaktion mit anderen Individuen ein menschenwürdiges Leben führen kann. Seine Antwort auf meine Frage ist somit zwingend logisch. Er befindet sich alleine auf der Welt, daher ist die einzige Veränderung, die er feststellen kann, die Tatsache, dass er ein Jahr älter geworden ist.

Auf meine konkrete Frage hin, ob es irgendwelche Probleme in der jüngeren Vergangenheit gegeben habe, erzählt er mir, dass er, wie schon häufiger vorher, wieder im Internet verbotene Dinge getan habe. Zwar sei er dafür zur Oma gegangen, damit niemand etwas merkt, doch sei sein Vater dahintergekommen. Bei dieser Erzählung beobachte ich das Kind sehr genau, es ist keinerlei Emotion in seiner Erzählweise festzustellen, völlig ungerührt berichtet er von seinen Verfehlungen, als wenn er irgendeine belanglose Geschichte erzählen würde. Auch mein Versuch, ihn über einen deutlichen Affekt zu erreichen, zeigt keine Wirkung. Normalerweise findet eine derartige Konfrontation in meiner Praxis nicht statt, dieser Versuch hier ist also ein Spezialfall. Lediglich aus diagnostischen Gründen, um den Eltern zu veranschaulichen, wie es in ihrem Kind aussieht, platze ich also mit lautem Tonfall in seine Geschichte hinein und fahre ihn mit bewusst eingesetzter Verärgerung an: »Das darf doch wohl nicht wahr sein, wie oft willst du eigentlich noch so einen Mist machen? Du weißt doch genau, was dann passiert.« Es zeigt sich jedoch, dass kein Aufbrechen seiner »Routine« möglich ist. Er unterbricht ungerührt seine Erzählung mitten im Satz, wartet meinen Ausbruch ab und setzt dann den Bericht fort, als wenn ich gar nichts gesagt hätte.

Mein Affekt verpufft sozusagen ungehört, der Junge vermittelt den Eindruck eines Autofahrers, der während der Fahrt kurz vor einer geschlossenen Bahnschranke warten muss und hinterher nicht mehr mit Sicherheit sagen kann, ob es tatsächlich eine Unterbrechung seiner Fahrt gegeben hat.

Affekt fehlt auch den Schilderungen des Jungen, die die Bestrafungen durch die Eltern betreffen. Abgesehen davon, dass sich die Eltern in ihren Reaktionen komplett anders verhalten haben, als es meiner Beratung entsprochen hätte, scheint dem Jungen ein Bewusstsein dafür, was Strafe überhaupt bedeutet, zu fehlen. Es ist weder Reue erkennbar, noch – auch nur ansatzweise – so etwas wie Schuldbewusstsein. Dass er schließlich, nachdem ich ihn nochmals mit Nachdruck auf den Wahnsinn aufmerksam gemacht habe, auf den er zusteuert, anfängt zu weinen, ist dabei nicht etwa Ausdruck von Verstehen und Reue. Der Junge weint, weil er nicht in der Lage ist, zu erfassen, warum ich ihn so angehe.

Er fühlt sich ungerecht behandelt und hat keinerlei Erklärung für meine heftige Reaktion.

Früher hätte mich das augenscheinlich freche Kommunikationsverhalten dieses Kindes verärgert. Heutzutage wäre dies sinnlos, weil ich erkennen musste, dass es mich wirklich nicht verstehen kann. Der Junge ist vollständig in der frühkindlichen Vorstellung gefangen, alleine auf der Welt zu sein, er kann somit weder die Reaktionen seiner Eltern noch die von meiner Seite verstehen. Man kann sich seine Situation in etwa so vorstellen, als wenn er sich immer wieder die Finger am heißen Herd verbrennen würde, aber nicht verstehen könnte, weshalb das so ist. In der Folge muss er immer ausgebufftere Strategien entwickeln, um seine Verfehlungen, die er nicht als solche erkennen kann, zu kaschieren.

Die Kommunikation ist somit in diesem Fall nicht nur gestört, sondern im Grunde vollständig aufgehoben. Eine sehr tragische Situation, denn wie soll ich an den Jungen herankommen, wenn er nicht in der Lage ist, mich zu verstehen? Darüber hinaus bin ich ja nicht der einzige Mensch, der ihn nicht versteht und den er nicht versteht. Das Problem wird immer und überall auftreten, der Junge kann mit niemandem mehr richtig kommunizieren. Seine Schwierigkeiten haben somit eine gesamtgesellschaftliche Dimension.

Kapitel 4

Wohin führt der Weg?
Entwicklungsperspektiven
unserer Gesellschaft unter dem Vorzeichen fehlender Psycheentwicklung

Wer sich die Auswirkungen der unterschiedlichen Konzepte vom Kind und die dadurch teilweise unmöglich gewordene Kommunikation verdeutlicht, wird sich irgendwann fragen, was diese Erkenntnisse für die Zukunft zu bedeuten haben. Wie wird sich unsere Gesellschaft verändern, wenn wir immer mehr junge Erwachsene mit einer nicht ausreichend oder gar nicht entwickelten Psyche haben?

Es wird Leser geben, die mir allein auf Grund dieses Kapitels vorwerfen werden, ich gefiele mir im Erstellen von Katastrophenszenarien. Daher möchte ich an dieser Stelle noch einmal betonen, dass es mir als empirisch arbeitendem Menschen selbstverständlich nicht darum geht, von der Wirklichkeit losgelöste Dinge zu behaupten. Ich glaube jedoch, dass diese drastischen Prognosen dazu beitragen können, auf die latente Dramatik der Situation aufmerksam zu machen, dagegen halte ich Verniedlichungen und das manchmal doch bevorzugte »Drumherumgerede« für wenig hilfreich. Mit allzu vielen im Konjunktiv gehaltenen »vielleicht und möglicherweise«-Sätzen werde ich der Problematik einfach nicht mehr gerecht. All die nachfolgend beschriebenen Dinge befinden sich im Rahmen des Möglichen, wenn keine Schritte unternommen werden, kleinen Kindern wieder eine gesunde Reifeentwicklung und älteren Kindern, die bereits Schaden genommen haben, eine Nachreifung zu ermöglichen.

Die psychische Reifeentwicklung vollzieht sich in etwa während der ersten zwanzig Lebensjahre. Ist in dieser Zeit die Entwicklung früh stehen geblieben, wird mit zunehmendem Alter, erst recht, wenn die Betroffenen psychisch in frühkindlichen Phasen fixiert sind, die Möglichkeit der Nachreifung immer schwieriger, wenn nicht gar unmöglich. Diese Menschen werden ihr Leben lang mit den Auswirkungen ihrer fehlenden psychischen Funktionen wie Frustrationstoleranz oder Gewissensinstanz zu kämpfen haben, und auch ihr Umfeld muss dementsprechend darunter leiden.

Das Kind, welches im Rahmen einer Beziehungsstörung aufwächst, wird nicht ausreichend die Notwendigkeit des Abwartens oder Aushaltens erleben können. Es wird entweder vergeblich versucht, dieses Kind mittels Reden und Begreiflich-Machen zu erziehen oder aber dessen Wünsche möglichst umgehend zu erfüllen. Die Bildung psychischer Funktionen wird dabei außer Acht gelassen, das dafür notwendige Training als Bevormundung aufgefasst, oder aber man fürchtet, sich damit beim Kind unbeliebt zu machen.

Für diese Menschen wird es jedoch später im Arbeitsleben fast unmöglich sein, sich richtig einzugliedern, denn ohne eine ausgebildete Psyche sind wichtige Dinge wie angemessene Arbeitshaltung, Sinn für Pünktlichkeit, Erkennen von Strukturen, auch Autoritätsstrukturen oder das Erkennen von Abläufen kaum zu leisten. In der Folge stehen den Unternehmen vermehrt unmotivierte, nicht berechenbare und nicht ausreichend arbeitsfähige Arbeitnehmer bzw. Bewerber gegenüber. Der dadurch entstehende Mangel an geeigneten Nachwuchs-Fachkräften gefährdet zunehmend die Existenz kleinerer Betriebe, bei größeren werden zumindest die Arbeitsabläufe empfindlich gestört. Verschärfend kommt hinzu, dass Arbeitnehmer mit immer geringerer Arbeitsfähigkeit auf einen Arbeitsmarkt mit immer höheren Ansprüchen nicht nur an die Qualifikation, sondern auch an die Arbeitshaltung treffen.

Das Fehlen einer funktionierenden Gewissensinstanz ist für das gesellschaftliche Zusammenleben ebenfalls keine erfreuliche Perspektive. Jugendliche, bei denen sich diese Instanz nicht gebildet hat, nehmen Ver- und Gebote eher wie ein abstraktes Wissen wahr, nicht als moralischen Wert. Die Frage, ob man stehlen darf, wird damit zur Abwägung zwischen dem zu erwartenden materiellen Gewinn und der möglichen Bestrafung. Erscheint Letztere als gering, wird ein Mensch, bei dem die Gewissensinstanz nicht ausreichend gebildet wurde, das Stehlen als echte Option in Erwägung ziehen, ohne dies als verwerflich zu empfinden. Wenn zunehmend Menschen mit nicht oder nur unzureichend entwickeltem Unrechtsbewusstsein aus der Gesellschaft hervorgehen, wird die Kriminalität ganz allgemein eher ansteigen und die Gemeinschaft damit weiter belasten. Misstrauen und Furcht voreinander sind keine guten Voraussetzungen für ein produktives Miteinander von Menschen.

Fehlende Gewissensinstanz bedeutet auch fehlendes Schuldbewusstsein. Das trifft nicht nur auf explizit kriminelle Zusammenhänge zu, sondern gilt ganz allgemein für die Fähigkeit zur Problemeinsicht von Menschen. Für die Weiterentwicklung sozialer Strukturen ist es unerlässlich, die eigene Schuld sehen und verarbeiten zu können. Durch die psychische Fixierung in der magisch-ödipalen Phase, einem Alter von vier bis fünf Jahren, herrscht die Vorstellung vor, die Welt müsse so sein, wie derjenige sie sich vorstellt. Diese im Kleinkindesalter vorliegende Phase kann im partnerschaftlichen Konzept vom Kind nicht abgeschlossen werden, weil die kindlich-ödipale Fantasie, Partner des gegengeschlechtlichen Elternteiles zu sein, zur Realität wird. In Konflikten können diese Menschen damit nicht angemessen Fremd- und Eigenanteile erkennen. Die typische Reaktion ist, es seien »die Anderen« oder wahlweise auch »die Umstände« schuld. Eine Variante ist dabei auch die Behauptung, immer die ganze Schuld von anderen zugeschoben zu bekommen. Dabei fühlt sich der Mensch zwar selbst schuldig, weist jedoch die Verantwortung dafür trotzdem von sich: Es ist wiederum quasi die Schuld der anderen, immer ihm die Schuld in die Schuhe zu schieben. Womit die Schuldfrage eindeutig geklärt wäre.

Die negativen Perspektiven für die Gesellschaft bestehen jedoch nicht nur aus unzureichendem Schuldbewusstsein und fehlenden Moralvorstellungen. Man muss sich immer wieder klarmachen, dass Erwachsene, die in einer Projektionsstörung oder in einer Symbiose groß werden, in kleinkindlichen Weltbildern verhaftet sind, eben schwerpunktmäßig im frühkindlichen Narzissmus. Sie sind nicht in der Lage, ihr Gegenüber als Mensch zu erkennen, sondern werden stetig versuchen, diesen ihrem Weltbild gemäß wie einen Gegenstand zu steuern. Für den normalen Arbeitsprozess ist eine Integration fast ausgeschlossen, weil der Betroffene die ständige Steuerung von außen nicht ertragen kann. Weder Arbeitsanweisungen Vorgesetzter können akzeptiert und ausgeführt werden, noch besteht die Möglichkeit, in Teams mit Kollegen zu guten Arbeitsergebnissen zu kommen.

Ähnlich wie ich es in meinem ersten Buch bereits am Beispiel der japanischen »Hikikomoris« ausgeführt habe, werden diese Menschen dazu tendieren, nur noch lustorientiert vor sich hin zu leben, jegliche gesellschaftliche Integration wird unmöglich. Neben der eher nach außen gerichteten Variante, die sich beispielsweise in der beschriebenen Neigung zur Kriminalität äußert, könnte es eine ruhige Variante geben, bei der die Betroffenen sich in ihren häuslichen

Raum zurückziehen und dort vorzugsweise über die vorhandenen elektronischen Geräte den Tag herumbringen. Computer widersetzen sich der Steuerung durch den Narzissten nicht und erzeugen trotzdem die Illusion von sozialem Kontakt, etwa in Chats, Foren oder Online-Spielen mit Teilnehmern rund um die Welt.

Die aus der frühkindlichen Fixierung resultierende Lustorientierung würde den Weg zu einer Lebensführung weisen, die nur noch daraus besteht, momentane Impulse zu erkennen und diesen nachzugeben. Lust und Lustbefriedigung würden sich zum dominierenden Lebensprinzip dieser Generation ausweiten. Eine gedankliche Beschäftigung mit dem Morgen und Übermorgen ist für diese Klientel nicht möglich, allein das Hier und Jetzt zählt.

In dieser Welt bräuchte es auch keine sozialen Sicherungssysteme, in der real existierenden Welt sind diese so notwendig wie angeschlagen. Psychisch unterentwickelte Erwachsene in so großer Zahl, wie sie uns drohen, würden diese Systeme endgültig zusammenbrechen lassen. Das Gesundheitssystem, von dem die Politik schon heute nicht mehr weiß, wie sie es finanzieren soll, und deshalb von einer untauglichen Reformidee zur nächsten stolpert, würde vor unlösbare Probleme gestellt. Die absolute Höhe der Sozialleistungen auf Grund von Arbeitslosigkeit würde ebenso ansteigen. Reformen, die auf einen höheren Anreiz zur Aufnahme von Arbeit setzen, wie sie derzeit favorisiert werden, könnten keine Wirkung erzielen, weil dieser Reiz gar nicht aufgenommen werden würde. Meine Sorge wäre, dass damit immer mehr Menschen heranwachsen, die über alle Maßen Kosten verursachen würden, ohne Gegenleistungen zu erbringen. Die Gefahr, dass diese jungen Menschen dann von den Älteren abgelehnt werden, wäre dadurch sehr groß, wirkten sie doch parasitär, indem sie vom noch Vorhandenen zehren, ohne selbst neu aufzubauen.

Die mangelnde Arbeitsfähigkeit hätte weiterhin zur Folge, dass die heute bereits praktizierte Umlagefinanzierung des Rentensystems dazu führt, dass künftige Generationen überhaupt keine Leistungen mehr erhalten könnten. Es wäre sicher spannend, Berechnungen anzustellen, wie viele nicht arbeitsfähige Erwachsene sich unsere Gesellschaft überhaupt noch leisten kann. Die Ergebnisse könnten dazu angetan sein, die von mir beschriebene Problematik schneller wahrzunehmen und sich ihr konstruktiv zu stellen.

Letztlich würde auch der kulturelle Bereich unweigerlich Schaden nehmen, denn Dinge, die nicht direkt sichtbaren Nutzen bringen, sind für Menschen, die nur im Moment leben, uninteressant. Das kulturelle Gedächtnis, welches davon lebt, dass man sich mit den Auswirkungen des Gestern und des Heute auf das Morgen beschäftigt, würde sterben, eine Kulturvielfalt, wie wir sie heute noch kennen, könnte damit nicht erhalten bleiben. Diese Vielfalt lebt zudem vom Gemeinschaftserlebnis, welches Freude und Mitwirkung anderer Menschen als positiv empfindet. Dem frühkindlich narzisstisch fixierten Menschen ist das egal, ihn interessiert nur, was seiner eigenen Befriedigung dient. An die Stelle von Kultur, auch einer Kultur des Umgangs miteinander, träte Rücksichtslosigkeit in allen Lebensbereichen.

Schließlich muss in diesem Zusammenhang auch das Thema Sucht angesprochen werden. Statistiken weisen heute bereits einen erheblichen Anstieg von Suchtproblemen im Jugendalter aus. So ist Berichten von Drogenbeauftragten zu entnehmen, dass sich beispielsweise die Zahl der Jugendlichen mit Alkoholvergiftungen zwischen 2000 und 2008 verdoppelt hat. Auch die Spielsucht von Jugendlichen ist immer wieder Thema in den Medien, da sich hier eine signifikante Verschlimmerung der Situation zeigt.

Dieser Anstieg der Zahlen im Suchtbereich kann nicht verwundern, wenn man sich vor Augen hält, wie Sucht funktioniert und was das vor dem Hintergrund meiner Aussagen über die psychische Reife von Jugendlichen bedeutet.

Sucht ist gekennzeichnet durch Sofortbefriedigung eines Bedürfnisses. Der Alkoholkranke muss *jetzt* trinken, er kann nicht warten, weder auf das Kippen des ersten noch der weiteren Gläser. Der Spielsüchtige muss *immer weiter* spielen, er kann nicht an einer Stelle abbrechen und das Spiel u. U. erst Tage später fortsetzen, um wiederum an einer bestimmten Stelle aufzuhören. Analog gilt das für andere Süchte, ob es härtere Drogen sind, ob es Esssucht ist oder auch Kauf- oder Sexsucht. Immer gilt das gleiche Prinzip: Der Süchtige kann nicht abwarten, braucht die sofortige Befriedigung und hat ernsthafte Probleme, wenn diese nicht gewährt wird.

Dieses Prinzip gilt auch für Kleinkinder in der oralen Phase. Auch hier gibt es nur ein »*sofort*« und kein »*später*«. Es ist folglich leicht zu erkennen, dass jemand, der psychisch in solch einer frühkindlichen Phase fixiert ist, viel anfälliger für Suchtgefahren ist als ein psychisch gesund entwickelter Mensch.

Natürlich sind die Gründe für den Abstieg in die Sucht vielschichtig und nicht allein aus dem eben Gesagten zu erklären. Ich fürchte jedoch, dass solche psychischen Nicht-Entwicklungen in zunehmendem Maße dafür verantwortlich sein werden, dass die gesellschaftlichen Probleme in diesem Bereich erheblich größer werden.

Der Faktor Zeit

Auf der Suche nach Auswegen aus der Misere und dem Weg zu einer Rückkehr zum Konzept »Kind als Kind« kann es sein, dass man den Wald vor lauter Bäumen nicht sieht. Eigentlich selbstverständliche Dinge müssen neu erkannt und gelernt werden, um das innere Gleichgewicht wiederzufinden, das für die Kindesentwicklung so wichtig ist.

Einer der wesentlichen Faktoren hierbei ist Zeit. Zeit haben, sich Zeit nehmen, Zeit nutzen ohne Termindruck. Das mag banal klingen, ein Blick um uns herum genügt jedoch, um zu erkennen, dass wir es hier mit einem Punkt zu tun haben, an dem entscheidende Weichen für die Zukunft gestellt werden.

Die Zeit rast – Tempo und Geschwindigkeit als Merkmale der Moderne

Die moderne Gesellschaft ist vor allem von einem Virus befallen: dem Tempo-Virus. Tempo ist alles, Geschwindigkeit strukturiert die Welt. Wer langsam ist, droht abzufallen gegenüber den als Konkurrenten empfundenen Mitmenschen, im Beruf sowieso, mehr und mehr aber auch im Privatleben.

Forscher haben herausgefunden, dass sich das Entwicklungstempo bei technischen Erfindungen alle paar Jahre um ein Vielfaches steigert. Es ist nicht schwer zu glauben, dass die menschliche Wahrnehmung bei dieser rasanten Fahrt nicht mithalten kann. War es zu Beginn des 20. Jahrhunderts mit der Erfindung und Weiterentwicklung des Automobils und des Flugzeugs vor allem die Fortbewegung, die für eine sehr konkret fassbare Tempozunahme stand, so müssen wir heute als Sinnbild für die Verschärfung des Lebenstempos vor allem die eher indirekt fühlbare Informationstechnologie verantwortlich machen. Dabei liegt die Hauptschwierigkeit bis heute darin, diese Tempoverschärfung überhaupt als Problem auszumachen. Geschwindigkeit von Informationsübermittlung und -verarbeitung gilt in der Mediengesellschaft als Nonplusultra und conditio sine qua non vor allem der großstädtischen Existenz. Gegenbewegungen wie beispielsweise »Slow food«, eine Gruppe, die der seelenlosen Schnellküche den Kampf angesagt hat, werden in der Regel von der Mehrheit eher belächelt und gelten als typische Randgruppen. Dabei ist ihr Engagement Kennzeichen eines Erkenntnisprozesses, der bei der Ernährung nicht Halt machen darf. Slow food gilt der Befriedung des Magens und der Verdauung; ein Innehalten im täglichen Wettrennen um Informationen wäre notwendig, um zu einem vergleichbaren Effekt für die menschliche Psyche zu gelangen.

Auswirkungen der Tempogläubigkeit auf die Psyche

Informationstechnologie war bis in die 80er-Jahre hinein vor allem eine Sache einer kleinen Schicht von technologisch hochqualifizierten Leuten in Institutionen und wenigen spezialisierten Firmen. Mit der Erfindung des »Personal Computers« und intuitiv bedienbarer Betriebssysteme änderte sich diese Beschränkung langsam, das Vorhandensein eines relativ kleinen Computers in einem Privathaushalt ebnete den Weg für die Selbstverständlichkeit, mit der wir heute oft mehrere Geräte in unseren Haushalten stehen haben.

Etwa zeitgleich mit dem Wandel des Computers zum Massenprodukt begann Mitte der 90er langsam, aber sicher die Ära des Internet. Im häuslichen Umfeld war die Verbreitung noch relativ gering, aber an den Unis bildeten sich in Rechenzentren bisweilen Schlangen vor den wenigen Rechnern, an denen »gesurft« werden und das neue Kommunikationsmedium der E-Mail genutzt werden konnte.

Zeit bekam nun eine neue Dimension in Vorhandensein und Nutzung. War der Brief ein relativ langsames Medium gewesen, bei dem zwischen Absenden und Erhalt der Antwort mindestens zwei Tage vergingen, so zog mit der E-Mail plötzlich eine ganz neue Erwartungshaltung ein. Hatte man erst einmal festgestellt, dass es möglich war, Minuten nach dem Abschicken einer Mail eine Antwort zu erhalten, veränderte dies schleichend das gefühlte Zeitbudget. Ruhe in Bezug auf Kommunikation war bald ein Fremdwort, die Beschleunigung des Lebens war durch kleine »Fenster« auf dem Bildschirm manifest geworden.

Entscheidend dabei war im Hinblick auf den Faktor Zeit allerdings nicht nur, dass schneller kommuniziert werden konnte, sondern auch die absolut vor dem Computer verbrachte Zeit – diese erhöhte sich permanent und addierte sich zu den sonstigen Verrichtungen, die ja nicht plötzlich weniger wurden. De facto hatte man es also plötzlich mit einer Ausdehnung der Zeit in zwei Richtungen zu tun: eine Ausweitung hinsichtlich des absolut benötigten Budgets und eine Einengung hinsichtlich der »erlaubten« Zeit für einen alltäglichen Vorgang, nämlich den der Informationsübermittlung.

Beide Veränderungen spielten auch eine Rolle, seitdem das Internet um die Jahrhundertwende endgültig zum Massenmedium geworden ist. Die Ausweitung der notwendigen

Auswirkungen der Tempogläubigkeit auf die Psyche

Zeit nimmt immer größere Ausmaße an, da sich im Netz ein schier unendlicher und unüberblickbarer Wust an Information darbietet, der den einzelnen Nutzer nicht selten überfordert. Das Phänomen der Einengung tritt ebenfalls verstärkt zu Tage, denn nun wird es immer unmöglicher, eine Information erst mit Verzögerung von externer Stelle serviert zu bekommen, wie es bei der Nutzung der klassischen Medien bis dahin normal war. Das Sender-Empfänger-Modell, das auch zeitliche Struktur vorgab, löst sich in der vorgeblichen Interaktivität des Internets auf und setzt den Nutzer mit der zunächst einmal positiven Möglichkeit, sich seine Information aktiv selbst heranzuholen, auch unter einen als zunehmend quälend empfundenen Druck, diese Information möglichst komplett zu haben, um nicht in einen Nachteil gegenüber anderen zu kommen.

Es soll an dieser Stelle nicht der Eindruck entstehen, ich redete einem Kulturpessimismus das Wort, der sich schlicht und ergreifend mit dem Entstehen neuer Möglichkeiten schwertut und an der Vergangenheit hängt. Aber die Reflexion darüber, wie moderne Mediennutzung sich auf unser Zeitempfinden auswirkt, kann dazu beitragen, vielleicht ab und an mal eine Ausfahrt der Datenautobahn zu nehmen und wieder gemütlich über die Landstraße zu fahren. Entschleunigung ist das Stichwort – und nicht nur die Slow-Food-Jünger nehmen diesen Ansatz ernst.

Sich Zeit nehmen – Entlastung schaffen – Ruhe einkehren lassen

»Probier's mal mit Gemütlichkeit, mit Ruhe und Gemütlichkeit« singt Balou der Bär im Dschungelbuch, und nicht umsonst ist dieser Song ein echter Klassiker geworden. »Denn mit Gemütlichkeit kommt auch das Glück zu dir!«, heißt es weiter im Text – und das ist eine Erfahrung, die im Grunde jeder gut nachvollziehen kann, wenn es ihm in der Hektik des Alltags gelungen ist, abzuschalten, sich auszuruhen. Wer nach solch einer Ruhephase wieder ans Werk geht, stellt in der Regel fest, dass trotz der scheinbar »verschwendeten« Zeit effektiv mehr geschafft wird, als wenn man einfach immer weitermacht.

Im Managerdeutsch von heute heißt dieses Phänomen »Downshifting«. Ziel ist in der Regel eine bessere »Work-Life-Balance«. Was sich hinter modern klingenden Anglizismen versteckt, ist nichts weiter als die Erkenntnis, dass Stress und Hektik im Leben immer schlechte Ratgeber sind. Das klingt verhältnismäßig banal, ist es jedoch keineswegs. Vielleicht sagen Sie auch: »Aber ich nehme mir doch, so oft es geht, die Zeit zum Ausruhen.« Auch hier ist unsere Sprache wieder verräterisch. Denn was bedeutet es, wenn ich etwas nehme? Das geht nur, wenn ich es an einer anderen Stelle wegnehme. »Sich Zeit nehmen« bedeutet also ganz oft bereits im Ansatz, ein neuerliches schlechtes Gewissen zu produzieren, weil diese Zeit woanders fehlt. »Sich Zeit lassen«

Sich Zeit nehmen – Entlastung schaffen – Ruhe einkehren lassen

oder einfach »Zeit haben« beschreibt zwar das gleiche Ziel, will es jedoch auf andere Weise erreichen.

Der Zeitaspekt ist heute eine der zentralen Sollbruchstellen in der Eltern-Kind-Beziehung. Die Begleitung der Kinder durch die Eltern, um eine gesunde psychische Reifeentwicklung zu befördern, braucht Zeit. Zeit auf Seiten der Eltern, die ausschließlich dem Kind gewidmet werden kann. Es scheint fast müßig, darauf hinzuweisen, wie sich die Zeitbudgets von Eltern heutzutage entwickelt haben; ich will aber trotzdem auf einige Punkte hinweisen, um die Dramatik dieses Punktes zu verdeutlichen.

Folgende Feststellung in der von mir bereits zitierten Studie über moderne Eltern weist in die entsprechende Richtung:

»Die Gesellschaft erwartet, dass Eltern viel Zeit mit ihren Kindern verbringen, doch die Arbeitswelt vollzieht einen Totalzugriff auf die Eltern, vor allem auf die Väter.

So befinden sich Väter in einer höchst unbestimmten Situation: Die gestiegenen Anforderungen an Mobilität, Flexibilität, Verfügbarkeit und Einsatzbereitschaft stehen dem Wunsch nach einer größeren Beteiligung am Erziehungsalltag gegenüber. Für viele Mütter bedeuten die verlängerten Öffnungszeiten wöchentlich neu zu organisierende Arbeitszeiten, die sie mit ihren Kindern in Einklang bringen müssen.«[9]

---

9. Merkle; Wippermann: Eltern unter Druck a. a. O. S. 16.

Wohin führt der Weg?

Zeit ist also ein kostbares Gut, das tendenziell immer knapper wird. Und trotzdem ist es das Gut, von dem wir im Interesse unserer Kinder am meisten brauchen.

Es ist jedoch nicht nur die im Zitat angesprochene moderne Arbeitswelt, die kaum noch zu erfüllende Ansprüche an das elterliche Zeitmanagement stellt, sondern die gesellschaftlichen Anforderungen allgemein. Selbst wenn wir nicht im Büro sind, wird uns auf vielfältige Art und Weise ein ungeheuerlicher Zeitdruck aufgebürdet, der Kinder in den Hintergrund rücken lässt, da es nach dem scheinbaren gesellschaftlichen Konsens vor allem auch um Selbstverwirklichung der Erwachsenen geht. Sei es das Fitnessstudio, seien es andere Formen der »Freizeitgestaltung«, wir arbeiten ständig an uns und verbrauchen dabei auch noch den letzten Rest an Zeit, den das Berufsleben uns lässt.

Die psychologischen Ursachen für diese zum Teil selbst auferlegte Zeitnot korrespondieren mit dem Hintergrund, den ich als ursächlich für die analysierten Beziehungsstörungen annehme. Dieser Hintergrund ist eine »Depression«, die aus der Überforderung der Psyche entsteht. Diese Depression führt jedoch nicht zu Tatenlosigkeit und Müdigkeit, sondern es wird im Gegenteil versucht, sie durch ein immer höheres Tempo an Aktion zu übertünchen. Ich spreche daher in diesem Fall von einer »agitierten Depression«.

Wir stehen also vor dem Phänomen, dass prinzipiell zwar genug Zeit vorhanden sein könnte, das gesellschaftliche Umfeld dem Erwachsenen jedoch suggeriert, diese Zeit kei-

Sich Zeit nehmen – Entlastung schaffen – Ruhe einkehren lassen

nesfalls untätig (und Beschäftigung mit Kindern gilt oftmals als »untätig«) zu verbringen, sondern sich intellektuell oder körperlich fortzubilden. Die Botschaft, die dahintersteckt, ist zudem negativ: Wenn du dieses und jenes nicht kannst, weißt oder hast, wird es dir schaden. Also versucht der Erwachsene, diesen Scheinanforderungen gerecht zu werden und dreht damit immer schneller das Hamsterrad, das als Sinnbild der agitierten Depression gelten kann.

Die Situation gewinnt dabei zusätzlich eine Eigendynamik, indem die eigentlich negativen Gründe, die in die agitierte Depression führen, plötzlich als Anforderung an die Psyche aufgefasst werden. Und wie reagiert man auf Anforderungen? Man versucht, sie zu erfüllen. Folglich tun wir irgendwann unbewusst alles, um immer im Hamsterrad zu bleiben, denn nur so fallen uns unsere Defizite nicht mehr auf. Weil wir gar keine Zeit dazu haben, sie zu erkennen. Mit einem anderen Bild könnte man sagen, unsere Psyche fühle sich, als wenn sie mitten in einer Katastrophe lebte, auch wenn es gar nicht so ist. Und was macht man in einer Katastrophe? Man ist 24 Stunden wach und handelt, versucht zu rennen, sich zu retten, zu flüchten. Genau das passiert im übertragenen Sinne in unseren Köpfen, wenn wir uns in einer agitierten Depression befinden.

Im familiären Rahmen wäre es folglich wichtig, sich wieder Zeit zu nehmen. Jedes Elternteil sollte überprüfen, welche außerberuflichen Belastungen wirklich notwendig sind und welche, wenn man sehr ehrlich zu sich selbst ist, viel-

Wohin führt der Weg?

leicht doch hauptsächlich dazu dienen, ein diffus gefühltes schlechtes Gewissen zu befriedigen, ohne dass dies letztlich wirklich gelänge.

Das mag im ersten Moment banal klingen: sich Zeit nehmen als Mittel, die Entwicklung von Kindern zu befördern. In Wirklichkeit ist es aber ein Einstieg in die Auflösung von Beziehungsstörungen, der enorm weiterhelfen kann.

Warum dieser Punkt so dramatisch wichtig ist, möchte ich an einem weiteren Beispiel illustrieren.

Das Beispiel Michael

Eine Familienhelferin, die in ihrer Tätigkeit viele unterschiedliche Störungsbilder bei Kindern erlebt, erzählte mir von Michael.

Michael ist sechs Jahre alt und lebt mit seiner Mutter zusammen in einer ausreichend großen Wohnung. Die Mutter beschwert sich immer wieder bei der Familienhelferin, ihr Sohn sei unfähig, sich alleine zu beschäftigen. Andere Kinder, so berichtet sie, könnten das doch auch, spielten verstecken, fangen oder gingen in das angrenzende Waldstück, um dort zu toben. Nur Michael sei nicht in der Lage, ohne seine Playstation oder anderweitige »Haus- und Hofanimation«, wie sie es nennt, auszukommen.

Gitti, die Familienhelferin, hat sich daraufhin das Kind intensiv angeschaut und musste feststellen, dass es auch ihr

Das Beispiel Michael

schwerfiel, dem Jungen etwas anderes schmackhaft zu machen als die Stubenhockerei vor dem Bildschirm. Sie hat den Eindruck, Michael zeige bereits ein ausgeprägtes Suchtverhalten. Wortwörtlich sagt das Kind zu ihr, »ohne seine Playstation und ständige Freizeitangebote« drehe es durch.

Ein Gespräch mit der Mutter bringt einen Überblick über den durchorganisierten Tagesablauf, der ausschließlich daraus besteht, Michael von einem Ort zum anderen zu kutschieren. Egal, ob von einer Oma zur anderen, ob zu Freunden oder zum Sportverein und zum Klavierunterricht: Mama ist ständig auf Achse, um ihrem Sechsjährigen einen scheinbar erfüllten Tag zu bieten. Während sie das erzählt, beschwert sie sich allerdings darüber, dass Michael nicht wie andere Kinder in seinem Zimmer spielen und sich alleine beschäftigen könne. Das müsse er doch so langsam mal lernen. Danach befragt, wie sie selbst freie Zeit fülle, wenn sie diese einmal habe, reagiert die Mutter überrascht und gibt zu, sie wisse darauf keine Antwort.

Schließlich vereinbart sie mit Gitti, es einmal bewusst auszuprobieren und sich einen Nachmittag frei zu nehmen. Als Gitti drei Tage später nachfragt, ist das Ergebnis niederschmetternd. Nach nicht mal einer Stunde allein, ohne etwas Besonderes vorzuhaben, sei sie in echte Panik ausgebrochen und habe den Versuch beendet. Trotzdem gelingt es Gitti, einen neuen Anlauf zu starten und Mutter und Sohn das Versprechen abzunehmen, sich einmal gemeinsam einen ganzen Nachmittag lang nichts vorzunehmen, sondern einfach nur

Wohin führt der Weg?

daheim miteinander da zu sein, ganz ohne Animations- und Sportprogramm.

Ergebnis: Ein Anruf bei Gitti. Es sei unmöglich, sie habe festgestellt, dass sie und ihr Sohn einfach nichts miteinander anzufangen wüssten. Sie hätten nur verzweifelt rumgesessen und krampfhaft versucht, eine gemeinsame Beschäftigung zu suchen. Gelungen sei ihnen das aber nicht. Schließlich habe Michael sich vor seine Playstation verzogen und sie sei zu ihrem Laufband im Nebenzimmer gegangen. Ihr nüchternes Fazit: »Das ist alles nichts für mich«; sie werde in Zukunft noch häufiger die Dienste der Beraterin in Anspruch nehmen.

Dieses Beispiel zeigt auf recht krasse Art und Weise, wohin die agitierte Depression führt. Michaels Mutter ist nicht in der Lage, mit sich selbst alleine zu sein, sie bekommt regelrechte Panikattacken, wenn sie das Gefühl hat, untätig rumzusitzen. Um dieses Gefühl zu unterdrücken, dreht sie sich immer schneller im Hamsterrad und bezieht dabei ihr Kind mit ein. Sie handelt weder abgegrenzt, noch gibt sie Struktur oder Inhalt vor. Auf typisch symbiotische Art verarbeitet sie ihren Sohn wie einen Teil ihrer selbst und zwingt ihm daher ihre Rastlosigkeit bereits in seinem zarten Alter auf. Michael hat keine Chance, sich dagegen zu wehren und eine normale Entwicklung zu nehmen, die ihm eben auch ermöglichen würde, mit der Frustration des Nichts-Tuns umzugehen.

Immer mehr Erwachsene handeln unbewusst ganz ähnlich

wie Michaels Mutter. Sie sind ständig in Bewegung, haben immer etwas zu erledigen und fallen in ein tiefes Loch, wenn freie Zeit bevorsteht.

Die Sinnfrage

Haben wir bisher bereits festgestellt, dass der Hintergrund der Beziehungsstörungen und der fatal unterschiedlichen Konzepte vom Kind gesellschaftlicher Natur ist und wesentlich mit veränderten Zeitwahrnehmungen sowie nicht mehr auf normalem Wege zu kompensierenden Druck durch die Außenwelt zusammenhängt, so ist damit erst der Anfang des Verstehensprozesses gemacht. Allerdings sollte aus diesen Erkenntnissen auch hinreichend deutlich geworden sein, dass das, was vielfach auch an mich nach Erscheinen des ersten Buches herangetragen wurde, nicht zu leisten ist. Eine Veränderung der kritischen Situation von Eltern, Erziehern, Lehrern, anderen Erwachsenen und Kindern ist keine Frage von Anleitungen zur Kindererziehung. Es gibt keinen 10-Punkte-Masterplan, der ein »unerzogenes Kind« (das ja in Wirklichkeit ein nicht entwickeltes Kind ist!) zu einem vermeintlichen Musterkind werden lässt.

Was ich mit meiner Arbeit erreichen möchte, ist vielmehr ein Innehalten. Ein Innehalten, um beispielsweise Fragen wie diese zu analysieren:

- Wie verhalte ich mich im Alltag?
- Wie bewusst nehme ich mein Kind wahr?
- Habe ich ständig das Gefühl, zu wenig Zeit zu haben – für mich, für andere, für mein Kind?
- Habe ich das Gefühl, dass die Zukunft unserer Gesellschaft im Wesentlichen negative Tendenz zeigt und dass das auch mich persönlich betreffen könnte?

Nur das Anhalten des täglichen Hamsterrades kann bewirken, dass diese Analyse mit Erfolg einsetzt. Es ist dabei keinesfalls so, dass ich hiermit alle Erwachsenen in Beziehungsstörungen hineinreden will. Nach wie vor ruhen viele Eltern und mit Kindern arbeitende Menschen in sich und gehen mit Kindern nach dem Konzept »Kind als Kind« um. Die von mir getätigten Analysen und Feststellungen sind nicht gedacht, um in dieser Gruppe für Verunsicherung zu sorgen, sondern um sie in ihrem Tun zu bestätigen.

Die Hinweise in meinen Büchern sind allerdings durchaus für *alle* Erwachsenen gedacht, um sich ständig neu zu überprüfen und Strategien zu entwickeln, um auf dem richtigen Weg zu bleiben oder auf ihn zurückzukommen.

Diese Selbstüberprüfung und das Innehalten führen automatisch zu einer wichtigen Frage, die uns in der modernen Gesellschaft seit den letzten Jahren verstärkt beschäftigt und an der für die Zukunft sehr viel hängt: zu der Frage nach Sinn.

Gemeint ist damit kein abstrakter »Sinn des Lebens«, den

Die Sinnfrage

jeder irgendwie für sich definiert, sondern eine Sinnsuche im konkreten alltäglichen Umfeld. Sinn bedeutet für mich Struktur und Orientierung. Erwachsene, die in ihrem Leben Struktur und Orientierung gewährleistet sehen, sind viel weniger anfällig für die Gefahr, Probleme über Umwege kompensieren zu müssen, sondern schaffen dies über die Fähigkeit, in sich selbst zu ruhen.

Dieser konkrete Sinn kann sich auf verschiedene Weise vermitteln. Wichtig wäre meiner Ansicht nach, dabei der modernen Vereinzelung des Menschen entgegenzuwirken, indem dauerhafte Gemeinschaftserlebnisse gesucht werden. Dies kann etwa in Vereinen geschehen, aber auch kirchliche Gemeindearbeit kann eine solche Form von Gemeinschaft darstellen. Das Erlebnis, sich auf andere verlassen zu können und selbst Positives für andere Menschen zu bewirken, entlastet von den Niederschlägen, die in immer schnellerer Folge auf die menschliche Psyche niederprasseln.

Kapitel 5

Auswege –
Keine banalen Lösungen

Meine Analyse der Beziehungsstörungen und ihrer überaus bedenklichen Auswirkungen auf die Zukunftsfähigkeit unserer Gesellschaft ist auf sehr großes Interesse gestoßen, aus vielen Rückmeldungen habe ich erfahren dürfen, dass die entstandene Debatte längst überfällig war.

Trotzdem wurde immer wieder der Ruf nach Lösungen laut. Die Analyse reicht nicht, war dann zu hören, wo bleiben die konkreten Lösungen, was sollen Eltern, Erzieher und Lehrer anders machen, und wie genau sollen sie es tun?

Ich habe Verständnis dafür, dass dieser Wunsch besteht und an mich herangetragen wird. Indes: Es geht mir vor allem darum, auf Missstände hinzuweisen, deren Auswirkungen wir zwar täglich vor Augen haben, deren Ursache jedoch so tief in unbewussten Vorgängen liegt, dass sie bisher nicht diskutiert werden konnten. Mit der Analyse der Beziehungsstörungen habe ich die Grundlage für diese Diskussion geliefert und halte es auch weiterhin für wichtig, dass hier ein tieferes Verständnis und auf der Basis dieses

Auswege – Keine banalen Lösungen

Verständnisses eine gründliche Selbstanalyse von Erwachsenen entsteht.

Lösungen im Sinne von Erziehungstipps kann und will ich also nicht geben, weil sie nichts bringen würden, solange das dahinterstehende Problem nicht gesehen und verstanden wird. Zu diesen Themen gibt es unzählige Bücher, viele überflüssig, manche interessant, die jedoch ohnehin erst Wirkung entfalten können, wenn ihre Ansätze auf psychisch altersgemäß entwickelte Kinder und Jugendliche treffen.

Was ich an dieser Stelle aber aufzuzeigen versuchen möchte, habe ich bewusst in den Untertitel dieses Buches aufgenommen: Auswege. Auswege aus der Sackgasse, an deren Ende wir mit unserer Kultur langsam, aber sicher ankommen werden, wenn sich der Negativtrend im Bereich der Reifeentwicklung unserer Kinder fortsetzt.

Diese Auswege haben damit zu tun, wie jeder Einzelne sich selbst betrachtet und welche Schlüsse er für sein tägliches Verhalten daraus zieht. Sie haben aber auch damit zu tun, welche Perspektive wir alle, und damit letztlich auch unsere Kinder, in unserer Gesellschaft künftig haben werden.

Zu sich selbst zurückfinden – Selbstanalyse und Auflösung der Beziehungsstörungen

Es ist von zentraler Bedeutung für das Auffinden von Auswegen, dass Erwachsene sich stetig selbst überprüfen, welchem Konzept vom Kind sie eigentlich folgen. Wie das gelingen kann, will ich an einem Beispiel erläutern.

Janina ist fünf Jahre alt. Sie hat den Tag über draußen gespielt und sitzt nun am späten Nachmittag in der Badewanne. Während sie mit ihren Wassertieren und anderem Spielzeug beschäftigt ist, holt die Mutter das Shampoo und sagt ihrer Tochter, sie möge sich bitte so hinsetzen, dass sie ihr die Haare waschen könne. Janina hat dazu jedoch überhaupt keine Lust, sie spielt weiter mit ihren Tieren und sagt ihrer Mutter, Haare waschen sei heute doch gar nicht nötig. Diese geht sofort dazu über, Erklärungen dafür zu suchen, warum dieser Akt doch nötig sei. Unter anderem erläutert sie Janina ausführlich die Hygiene-Aspekte gewaschener Haare und versucht so, ihr Kind davon zu überzeugen, dass es ihrer Bitte Folge leisten möge. Einzige Reaktion: Janina quengelt, will nicht, fängt schließlich an, mit weinerlicher Stimme zu diskutieren, warum sie trotzdem lieber fettige Haare behalten möchte. Als sich mitten in der Diskussion Janinas kleiner Bruder aus dem Nebenzimmer meldet, verlässt die Mutter kurz das Badezimmer, um nach dem Jungen zu schauen. Das veranlasst das Mädchen, sich sofort zu beschweren und eindringlich nach der Mutter zu rufen. Als diese nicht sofort zurückkommt, schreit sie immer lauter »Mama!« und hört nicht damit auf, bis die Mutter den Bruder wieder alleine lässt und zu ihrer Tochter zurückeilt, um sie zu beruhigen. Ergebnis: Der Bruder jammert weiter, die Haare sind noch immer nicht gewaschen, Janina schmollt und Mama ist mit all dem überfordert.

Sicher, das klingt nach einer Situation, wie sie in jedem Haushalt mit Kindern vorkommen kann. Ich bin auch weit davon entfernt, in jedem chaotischen Vorgang in Familien gleich Anzeichen von krankhaftem Verhalten zu entdecken. Trotzdem eignet sich dieses Beispiel sehr gut, um zu zeigen, worum es mir geht.

Der Alltag in diesem Haushalt läuft sehr oft so ab, wie in dem Beispiel beschrieben wurde; es handelt sich also nicht nur um eine Ausnahmesituation. Janinas Mutter würde es, nach ihrer Ansicht befragt, für absolut normal halten, ihrer Tochter erst dann die Haare zu waschen, wenn diese »verstanden« hat, warum dieser alltägliche Vorgang notwendig ist. Es wäre auch nicht ungewöhnlich, wenn Janina schließlich entschiede, ihre Haare seien noch gar nicht so furchtbar fettig, und es habe folglich noch Zeit mit dem Waschen. Eltern tendieren heute leider dazu, ein solches Verhalten als Zeichen von Selbstständigkeit und Selbstbewusstsein ihrer Kinder zu interpretieren und klaglos auf deren Argumentation einzugehen.

Janinas Mutter handelt im Beispiel also voll und ganz nach dem Konzept »Kind als Partner«, ohne dabei das

Zu sich selbst zurückfinden ...

Alter ihrer Tochter zu berücksichtigen. Würde sie das Kind als Kind sehen, herrschte bei ihr nicht die Vorstellung vor, Janina durch Erklären dazu bewegen zu müssen, dass die Haare gewaschen werden. Sie billigt somit – scheinbar aufgeklärt und verstandesmäßig handelnd – dem Kind eine Entscheidung zu, dessen Tragweite es nicht abmessen kann. Es spielt eben für Janina noch keine Rolle, dass die Haare einen ungepflegten Eindruck hinterlassen und ihr möglicherweise zu einem späteren Zeitpunkt die Kopfhaut jucken könnte. Janina »entscheidet« lediglich, dass sie zu diesem Zeitpunkt keine *Lust* hat, sich die Haare waschen zu lassen. Die Mutter, die ihre Tochter als Partner sieht, meint, dies dann auch akzeptieren zu müssen, da Janina sich auf die Erläuterung nicht eingelassen hat.

Es ist im Grunde leicht zu erkennen, dass sich diese unmögliche Situation ganz einfach auflösen ließe. Nämlich, indem die Mutter genau die Fähigkeit nutzt, die sie ihrer fünfjährigen Tochter bereits zubilligt: nachdenken und abwägen. Es könnte ihr – mit etwas Abstand zur konkreten Situation – durchaus gelingen, aus dem Konzept »Kind als Partner« auszusteigen. Das würde im Zweifelsfall auch dazu führen zu verstehen, dass es Janina für ihr späteres eigenständiges Leben nur von Vorteil sein kann, wenn sie früh gelernt hat, dass Körperhygiene zu den Dingen gehört, die zu einem bestimmten Zeitpunkt einfach erledigt werden müssen. Vor allem könnte ein objektives Nachdenken der Mutter aufzeigen, dass sie keineswegs autoritär handelt, wenn sie ihrer Tochter auch gegen deren vermeintlichen »Willen« die Haare wäscht, sondern ihr damit eine Orientierung gibt, die sie im Leben immer wieder brauchen wird.

Verallgemeinert bedeutet das: Die partnerschaftliche Beziehungsstörung lässt sich auf einer kognitiven Ebene beheben. Ich kann also selbst erkennen, dass ich mich in der einen oder anderen Situation zu partnerschaftlich verhalte und mein Kind damit überfordere.

Erwachsene sollten lediglich mitunter ihr Verhältnis zu den ihnen anvertrauten Kindern überprüfen, egal, ob es als Eltern die eigenen oder als Lehrer die Schüler sind, und dabei feststellen, was für ein Konzept vom Kind sie haben. Sehen sie diese als Kinder, als Partner oder wollen sie geliebt werden?

Führt diese Selbstüberprüfung tatsächlich zu dem Ergebnis, dass ein problematisches Konzept vorliegen könnte, sind Schuldgefühle unangebracht, man sollte einfach versuchen, konstruktiv mit der Situation umzugehen. Ich kann an dieser Stelle nur nochmals betonen, dass ich mit meinen Ausführungen weit davon entfernt bin, mit Schuldzuweisungen zu arbeiten. Dieses Handeln nach nicht entwicklungsfördernden Konzepten betrifft uns alle, es hat gesamtgesellschaftliche Hintergründe, denen sich der Einzelne schwerlich entziehen kann.

Das partnerschaftlich-*moderne* Denken ist eine wichtige Errungenschaft der westlichen Zivilisation. Es ist wichtig für den Erhalt demokratischer Strukturen und eines gesellschaftlichen Konsenses. Im Verhältnis zu Kindern muss es jedoch behutsam und altersangemessen eingeführt werden. Sie können immer wieder überprüfen, ob Sie Ihrem noch kleinen Kind genügend Struktur und Orientierung geben, indem Sie es bei bedeutsamen Entscheidungen entlasten und diese selbst treffen. Fragen Sie sich, nach welchem Konzept Sie gewöhnlich vorgehen und wie Sie Ihr Kind sehen. Damit ist keinesfalls in Frage gestellt, ob Ihr Kind als erwachsener Mensch einen partnerschaftlichen Umgang mit seinen Mitmenschen pflegt; im Gegenteil: Seine gesunde psychische Entwicklung wird dazu beitragen, dass es genau dies kann.

Wichtig ist also, dass es darum geht, dass die Eltern eine klare Ordnung vorgeben, die dem Kind Halt gibt. Im Rahmen dieser Ordnung treffen die Eltern vor allem die Entscheidungen, die Konsequenzen mit Bedeutung für das Kind oder für das Zusammenleben haben. Es ist sehr wohl möglich, das Kind eine Unterentscheidung treffen zu lassen. Nehmen wir an, das Shampoo für Janina sei in zwei verschiedenen Duftrichtungen vorhanden. Dann wäre es kein Problem, das Kind seinen Lieblingsduft wählen zu lassen. Diese Entscheidung hat keinerlei weiterreichenden Folgen und kann getrost dem Kind überlassen werden.

Wenn wir uns das Beispiel mit Janina noch einmal anschauen, lässt sich klar auch die zweite Beziehungsstörung herausarbeiten. Die sofortige Reaktion der Mutter auf Janinas Schreien, nachdem die Mutter das Zimmer verließ, anstatt

Auswege – Keine banalen Lösungen

sich weiter um sie zu kümmern, ist ebenfalls eine sehr häufig zu beobachtende Verhaltensweise. Das Kind schreit, Mama (oder Papa oder Oma oder die Erzieherin usw.) rennt. Bei Säuglingen ist dieses Verhalten vollkommen in Ordnung, bei Fünfjährigen aber nicht.

Die Mutter sollte sich auch in dieser Situation (bzw. wenn sie wieder zur Ruhe gekommen ist) fragen, ob es sich um eine Ausnahme gehandelt hat, die etwa einer besonderen Stresssituation geschuldet war, oder ob sie generell derart prompt reagiert, wenn das Kind seinen »Forderungen« Nachdruck verleiht. Ist Letzteres der Fall, liegt eine Beziehungsstörung in Form der Projektion nahe. Die Mutter erträgt in diesem Fall das Schreien nicht und versucht, durch die sofortige Bedürfnisbefriedigung dem Treiben ein Ende zu setzen. Sie ist innerlich zerrissen, weil ihr Konzept vom Kind ihr sagt, sich der Zuneigung ihrer Tochter nur durch stetige, sofortige Hinwendung gewiss sein zu können.

Janina nimmt aus dem fortgesetzt falschen Verhalten ihrer Mutter nur eines mit: Sie wird jeden Machtkampf gewinnen, Mama hat keine Chance. Wichtig aber wäre für das Kind zu erfahren, dass die Mutter ein abgegrenztes Gegenüber darstellt, somit seinen Handlungsrahmen einschränkt und sich auf diese Machtkämpfe erst gar nicht einlässt. Die Mutter müsste dafür jedoch den Wutanfall des Kindes aushalten können, damit es spürt: »Auf diese Weise erreichst du dein Ziel nicht!« Bei einer intuitiv ausgerichteten Umgehensweise mit Kindern hätte die Mutter gespürt, dass es sich um ein hysterisches Schreien des Kindes handelt und hätte es ignoriert. Janina hätte erlebt (nicht verstanden in einem kognitiven Sinne!), dass ihre Mutter sich nicht steuern lässt.

Für beide Fälle gilt: Die Beziehungsstörungen der Partnerschaftlichkeit und der Projektion lassen sich kognitiv auflösen, wenn es dem handelnden Erwachsenen gelingt, sich selbst zu hinterfragen. Anders gesagt: Es ist ratsam, immer mal wieder durchzuatmen und uns selbst zu überprüfen – nach welchem Konzept handeln wir? Haben sich regelmäßige Verhaltensweisen in unseren Alltag geschlichen, die den Schluss zulassen, dass wir uns grundsätzlich nach einem falschen Konzept richten, Kinder also von klein auf zu partnerschaftlich behandeln oder sie vorrangig brauchen, um geliebt zu werden?

Dabei ist selbstverständlich differenziertes Denken erforderlich. Wer dem Vier- oder Fünfjährigen auf die dauernden Warum-Fragen etwas erklärt, handelt natürlich nicht automatisch partnerschaftlich und hat eine gestörte Beziehung zu seinem Kind. Wer ausnahmsweise bewusst mal alle Fünfe gerade sein lässt, um nach einer Stresssituation nicht noch zusätzlich die Auseinandersetzung mit dem Kind zu haben, ist nicht automatisch im Konzept des »Geliebt-werden-wollens«. Aber je selbstverständlicher diese Verhaltensweisen werden, je normaler sie von uns empfunden werden, desto wahrscheinlicher besteht eine Störung der Beziehung und damit eine ungewollte Gefährdung der kindlichen Entwicklung. Darum ist es gut, häufig zu überprüfen, was wir im Umgang mit den Kindern für selbstverständlich und normal halten und woran wir uns generell orientieren.

Die Symbiose in den Griff zu bekommen, ist wesentlich schwieriger. Als einzige der drei Beziehungsstörungen ist sie dadurch gekennzeichnet, dass der Erwachsene das Kind psychisch nicht mehr als außenstehende Person verarbeitet. Es ist somit kognitiv nur sehr schwer zu leisten, die Symbiose aufzulösen. Man müsste sich dafür im Grunde bewusst machen, dass ein eigener Körperteil nicht mehr zu einem gehört, und das ist nicht möglich. Es gibt also keine Lösung im Sinne eines einfach anzuwendenden Rezeptes, sondern es ist Ursachenforschung notwendig, um die wichtigen Stellschrauben zu erkennen und an ihnen zu drehen. Mit dem Verweis auf den »Faktor Zeit« und die »Sinnfrage« habe ich solche Stellschrauben bereits genannt.

Mitten aus dem Leben: Anziehen

Das Theater in der Familie ist morgens immer wieder dasselbe: Aufstehen mag eigentlich keiner, und wenn man es dann doch mal geschafft hat, fühlt man sich so müde, dass man am liebsten sofort wieder ins Bett zurückgehen würde. Trotzdem: Der Alltag ruft und wie immer muss es schnell gehen. Nachdem Vater und Mutter die morgendliche Badzeremonie hinter sich gebracht haben, kommt die Königsdisziplin: wecken und kindergartenfertig machen der fünfjährigen Tochter. Das Schauspiel beginnt ...

So oder so ähnlich erleben viele Familien den Tagesbeginn. Ich beschreibe im Folgenden, wie der Ablauf des Anziehens im Idealfall aussehen müsste und zu welchen Verschiebungen es im Rahmen der durch die Beziehungsstörungen verursachten unterschiedlichen Konzepte vom Kind kommt. Dabei ist immer im Blick zu behalten, dass ich hier notwendigerweise mit Verallgemeinerungen arbeiten muss, um die generelle Problematik aufzuzeigen. Es sollte sich also niemand verunsichern lassen, wenn sich das eigene Kind nicht exakt gemäß der hier als ideal vorgestellten Verhaltensweise präsentiert.

Ich bin in dem kurzen Eingangsbeispiel von einem fünfjährigen Kind ausgegangen. Eltern, die in der Intuition sind und sich ihrem Kind gegenüber dementsprechend verhalten, würden bei einem Kind dieses Alters nicht automatisch erwarten, dass es sich bereits alleine anziehen kann, auch wenn das im Rahmen der morgendlichen Zeitnot vielleicht erstrebenswert erscheint. Sie würden vielmehr Kleidung der Witterung und eventuell dem Anlass entsprechend (der hier normalerweise der Kindergarten sein dürfte) für das Kind heraussuchen. Man würde also im Hochsommer keine Felljacke rauslegen und im tiefsten Winter kein Sommerkleidchen; außerdem berücksichtigt man, dass das Kind im Kindergarten wahrscheinlich im Sand spielen wird und die Kleidung einigermaßen robust sein sollte.

Der eigentliche Prozess des Anziehens muss bei einem fünfjährigen Kind noch stark begleitet werden. Natürlich wird man es schon einmal Hose und Pullover selbst überstreifen lassen, doch ist die Hilfe der Eltern selbstverständlich und angemessen, etwa dabei, den Pullover richtig herum anzuziehen oder den Knopf an der Hose zu schließen.

Eltern würden diese Vorgehensweise intuitiv beherrschen, sie ergibt sich im Grunde aus den vorhergehenden Schritten. So würde ich ein Kind bis drei Jahre komplett anziehen, dann kommt ein erstes Mithelfen des Kindes, etwa das Hochheben des Beines, um in die Hose zu gelangen. Danach wird man automatisch dem Kind mal ein Teil in die Hand drücken, damit es versucht, dies alleine anzuziehen, erst einfachere Teile wie die Unterhose, dann auch mal schwierigere wie den Pulli.

Auch wenn sich das Schulkind mit sechs Jahren im Prinzip selbst anziehen kann, muss ich immer noch weiter kontrollieren, ob etwa die Kleidung nicht zu kühl oder zu warm ist oder ob beispielsweise Verschlüsse geschlossen sind. Es ist keinesfalls so, dass ich meinem Kind nicht mit steigendem Alter zutrauen darf, sich selbst anzuziehen. Es kann überdies immer Abweichungen geben, die vollkommen im Normbereich liegen. Meine Ausführungen an dieser und auch an anderer Stelle sind nie als »fester Ablaufplan« misszuverstehen, nach dem Eltern sich sklavisch richten sollen. Sie dienen vor allem der Orientierung.

Mitten aus dem Leben: Anziehen

Was passiert aber nun, wenn andere Konzepte vom Kind vorliegen, in denen es nicht als Kind gesehen wird?

Im Partnerschafts-Konzept wird bereits das beschriebene intuitive Vorgehen nicht mehr umgesetzt. Dadurch, dass das fünfjährige Kind auf Augenhöhe angesprochen und als eigenständige, ausgebildete Persönlichkeit wahrgenommen wird, kann es zu einer dauerhaft falschen Beurteilung dessen kommen, was das Kind beim Anziehen können und entscheiden sollte. Eltern, die ihre Kinder als Partner sehen, werden ihnen beim Aussuchen der Kleidung weitgehendes Mitspracherecht lassen. Für den Fall, dass die Kleidung nicht angemessen ist, kann es sein, dass die Eltern sich nicht durchsetzen. Über zu dünne oder zu dicke Kleidung, nicht kindgerechtes Schuhwerk und andere offensichtliche Bekleidungssünden wird dann großzügig hinweggesehen. Die Begründung ist immer die gleiche: Man wolle den Willen des Kindes nicht brechen, sondern es aktiv in Entscheidungsprozesse einbinden und damit seine Selbstständigkeit fördern. Motto: Das Kind wird schon seine Erfahrungen machen und die richtigen Schlüsse daraus ziehen.

Wozu das in Extremfällen führen kann, zeigt diese kleine Meldung, die Ende 2008 durch die Zeitungen und durchs Internet wanderte:

Bei nur 11 Grad Celsius und schneidend kaltem Herbstwind ist eine 32-jährige Juristin mit ihrer völlig nackten, ein-

einhalbjährigen Tochter durch die Münchner Innenstadt geradelt. [...] Ebenso einzigartig wie der Vorgang war auch die Erklärung, die die junge Frau den Polizisten präsentierte: Das Kind habe sich nicht anziehen lassen wollen. Und weil das kleine Mädchen »seine eigenen Persönlichkeitsrechte« habe, wie die 32-jährige Rechtsanwältin aus dem Stadtteil Schwabing bei der Kontrolle erklärte, habe sie diese Weigerung respektiert. Also habe sie ihre Tochter völlig nackt in den Kindersitz gesetzt.[10]

Auch an dieser Stelle, weil es so wichtig ist, nochmals der Hinweis: Eltern dürfen natürlich ihr Kind fragen, ob es diesen oder jenen Pullover anziehen möchte. Ob die rote oder lieber die blaue Hose. Es geht nicht darum, dem Kind einen bestimmten Kleidungsstil aufzuzwängen, sondern darum, dem kleinen Kind angemessen Entscheidungen abzunehmen, die es auf Grund seines Weltbildes einfach noch nicht treffen kann.

Eltern, die sich in der Projektion befinden, also vom Kind geliebt werden wollen, lassen ebenfalls das Kind entscheiden, was es anzieht, sie werden auch im Allgemeinen das Tempo des Kindes akzeptieren, egal, wie bummelig es

---

10. Diese Meldung war im Oktober 2008 an vielen Stellen zu finden, beispielsweise unter diesem Link: http://www.welt.de/vermischtes/article2590303/Anwaeltin-radelt-mit-nacktem-Kind-durch-Muenchen.html

Mitten aus dem Leben: Anziehen

gerade sein mag. Dabei ist die Entscheidungsfreiheit des Kindes noch viel umfassender als innerhalb des Partnerschaftskonzeptes, wo zumindest ab und an noch eine Entscheidung von den Eltern getroffen wird. Eltern, die von andauernden Zuneigungsbekundungen ihrer Kinder abhängig sind, schaffen es so gut wie gar nicht mehr, dem Kind seine Kleidungswünsche zu verwehren, und seien sie auch noch so absurd und offensichtlich unangemessen. Sie fürchten die negative Reaktion des Kindes, das typische Nölen und Jammern, wenn etwas nicht nach seiner Nase läuft. Sie fürchten es, weil es ihnen das Gefühl vermittelt, ihr Kind entziehe ihnen seine Liebe und Zuneigung. Das Konzept, vom Kind geliebt werden zu wollen, macht es erforderlich, dem Kind so viel wie nur möglich zu erlauben, um sich stets seiner Liebe gewiss sein zu können.

Diese Haltung hat, um das auch noch einmal zu betonen, nichts damit zu tun, dass man es als Vater oder Mutter genießt, wenn das Kind einem Liebe und Zuneigung schenkt. Wer schaut nicht gerne in strahlende Kinderaugen und wem geht nicht das Herz auf, wenn Kinder schon bei Kleinigkeiten unbändige Freude zeigen? Im konkreten Beispiel müsste aber den Eltern klar sein, dass sie all dies nicht erreichen dürfen, indem sie ihrem Kind erlauben, im Winter nur mit seinem Lieblings-T-Shirt bekleidet in den Kindergarten zu gehen.

In der Symbiose würden die Eltern davon ausgehen, das Kind sollte automatisch alles machen, was sie von ihm erwarten, denn sie verarbeiten es psychisch wie einen Teil ihrer selbst. Das führt dazu, dass sie das Kind auf sich gestellt lassen. Für den Fall, dass das Kind sich nicht in ihrem Sinne anziehen würde, erteilen sie die Aufträge doppelt und dreifach, bis sie ausgeführt werden. Sollte es dennoch zu einer totalen Verweigerung des Kindes beim Anziehen kommen, sehen die Eltern sich in der Pflicht, Druck zu machen, sich aufzuregen und gegebenenfalls mit »wenn-dann«-Sätzen zu arbeiten. Ihr Ziel ist, dass das Kind sich ihrer Vorstellung entsprechend anzieht und dabei zügig vorankommt. Die Ursache liegt dabei darin, dass ein Teil von einem eben zu funktionieren hat, wenn nicht, muss man ihn dazu bringen.

Ein Elternteil, der das Kind als Kind sieht hingegen, würde sich entsprechend dem Verhalten des Kindes anpassen. Er würde die Verweigerung als solche spüren und beispielsweise intuitiv aus dem Konflikt herausgehen, indem er das Zimmer verlässt und dem Kind damit signalisiert, dass er sich für dieses Verhalten nicht zur Verfügung stellt, sich also nicht steuern lässt.

Bei einem symbiotischen Konzept vom Kind ist der Erwachsene dazu nicht in der Lage, denn ein Teil meiner selbst muss mir schließlich gehorchen und kann nicht verweigern, was ich von ihm verlange. Und tut er dies doch, bin ich in der Pflicht, ihn mit Nachdruck dazu zu bringen, dass die verlangte Handlung ausgeführt wird. Dieser Nachdruck äußert sich, übertragen auf unsere Beispielsituation, im häuslichen Umfeld in einem von den Eltern nicht zu gewinnenden Machtkampf mit dem Kind. Dabei kann sich die Situation hinsichtlich der Lautstärke und Aggressivität auf beiden Seiten sekündlich weiter hochschaukeln.

Wichtig im Hinblick auf die Analyse der Situation ist hier vor allem zu erkennen, dass der Ansatz, das Kind in eben jenem Moment der Verweigerung dazu bringen zu wollen, die Hose anzuziehen, ein symbiotischer Ansatz ist. Das hat nichts mit der generellen Zielsetzung zu tun, mein Kind in die Lage versetzen zu wollen, eine passende Hose anzuziehen. Das ist legitim und normal, problematisch daran ist der Vorsatz, die Zielerreichung in genau diesem Moment auf jeden Fall durchsetzen zu wollen. Es geht also nie um das konkrete Objekt, an dem sich eine familiäre Stresssituation entzündet, sondern immer um das Verhalten. In der Symbiose rückt die Hose bzw. das unbedingte Ziel »Hose anziehen« in den Mittelpunkt, obwohl eigentlich das Verhalten des Kindes beurteilt werden müsste. Die Verweigerung müsste als Form von Aggression gesehen werden, der ich mich nicht aussetze oder zur Verfügung stelle.

Das Beispiel Tim

Bevor ich dazu komme auszuführen, welche Leistungen Familien und öffentliche Institutionen heute erbringen müssen, um zu gesunden Beziehungskonzepten zurückzukehren und Kindern sowohl normale Reifentwicklung zu gewähren als auch

Auswege – Keine banalen Lösungen

ein Nachreifen zu ermöglichen, möchte ich Ihnen ein weiteres Fallbeispiel nicht vorenthalten. Es ist eher außergewöhnlich, zeigt aber gerade deshalb, was aus meiner Sicht für das Reifen der Psyche unerlässlich ist.

Es handelt sich dabei um Tim, einen immerhin schon achtzehnjährigen Jungen, der bei mir in Behandlung war. Tim war seinen Eltern und der Schule bereits mehr oder weniger entglitten, was sie oder seine Lehrer ihm zu sagen hatten, kümmerte ihn wenig. Auf Grund des fortgeschrittenen Jugendalters des Jungen war es auch bei mir in der Praxis nur noch schwer möglich, wirkliche Erfolge in der Behandlung zu erzielen. Normalerweise ist ein Nachreifen der Psyche in diesem Alter kaum noch zu erreichen. In diesem konkreten Fall ergab sich allerdings durch einen glücklichen Zufall die Gelegenheit, eine außergewöhnliche Maßnahme zu ergreifen, die durchschlagenden Erfolg zeigen sollte.

Tims Familie hatte Kontakte nach Kanada. Sie waren häufig dort, in einem kleinen Reservat, um dessen Wohlergehen sich ein einheimischer Indianer kümmerte. Dieser versorgt dort normalerweise die Häuser, ist aber auch mehrmals im Jahr unterwegs in der Wildnis. In der Regel macht er diese Touren alleine, Hilfe kann er allerdings immer brauchen. So entstand die Idee, Tim für eine bestimmte Zeit dort hinzuschicken, weil ich hierin eine letzte Chance sah, dem Jungen eine existenzielle Erfahrung zu verschaffen, die ihn aus seiner Unreife herausholen könnte.

Kurzerhand wurde alles organisiert, und Tim befand sich

Das Beispiel Tim

auf einem Trip nach Kanada zu einem Indianer, den er noch nie zuvor gesehen hatte. Dieser nahm Tim mit auf eine volle drei Monate dauernde Fahrt in die Wildnis. Er erklärte ihm, was zu tun sei und wie sie vorgehen würden. Nachdem die Vorbereitungen abgeschlossen waren, fuhren beide los, und es passierte etwas, was Tims Verhalten von Grund auf verändern sollte. Hatte der Indianer zuvor noch mit ihm gesprochen, so schwieg dieser plötzlich überwiegend, sobald er mit Tim die Zivilisation verlassen hatte. Reden war für diesen Mann bei dem, was er zu tun hatte, im Großen und Ganzen überflüssig; es war ja für beide klar, was zu tun sei. So sprach er während langer Phasen kein Wort. Für Tim muss das die irritierendste Erfahrung seines Lebens gewesen sein. Gemäß seiner Fixierung im frühkindlichen Narzissmus versuchte er unentwegt, den Indianer zur Rückkehr zu bewegen, sprach auf ihn ein, gab alles, machte letztlich, was er daheim immer mit Erfolg gemacht hatte und somit kannte, nämlich einen anderen Menschen zu steuern. Dieser Mensch jedoch reagierte überhaupt nicht auf diese Versuche. Man muss dazu bemerken, dass der Indianer sich sehr wohl um Tim kümmerte. Er gab ihm zu essen, sorgte für warme Kleidung, es fehlte an nichts Notwendigem. Aber er reagierte nicht automatisch auf jede Regung des Jungen, war also auf eine Art und Weise abgegrenzt und in sich ruhend, die wir in unserer Gesellschaft so niemals leisten könnten. Tim hatte also wohl oder übel in dieser Umgebung, die ihm kein Entkommen bot, keine andere Wahl, als sich bedingungslos nach seinem Wegbegleiter auszurichten.

Auswege – Keine banalen Lösungen

Drei Monate dauerte die Fahrt, die für Tim als Höllentrip begann und mit einem weit fortgeschrittenen Nachreifungsprozess seiner Psyche endete. Nach seiner Rückkehr nach Deutschland war der Junge wie ausgewechselt, die Fähigkeit, sich gegenüber anderen Menschen auszurichten und in Gesellschaft zu agieren, war so ausgeprägt, wie ich es nicht zu hoffen gewagt hatte. Wir können natürlich nicht alle Kinder und Jugendlichen nach Kanada in die Wildnis schicken. An diesem Beispiel lässt sich aber sehr schön sehen, was entscheidend ist. Tim hat erlebt, dass ein in sich ruhender Mensch sich ihm gegenüber auf eine bestimmte Weise verhalten hat, die Einfluss auf sein eigenes Verhalten hatte und sein Zusammenspiel mit diesem Menschen überhaupt erst ermöglicht hat. Er hat Abhängigkeit zu spüren bekommen und die Erkenntnis gewonnen, dass seine permanenten Steuerungsversuche nicht funktionierten. Welche Schlussfolgerungen sich daraus für unsere Breitengrade ziehen lassen, will ich im Folgenden darstellen.

Kapitel 6

Die private Sphäre – Was muss Familie heute leisten?

Die Frage nach Auswegen aus der Krise der Kinder- und Jugendentwicklung ist eng verbunden mit den Bereichen, in denen das Krisenmanagement stattfindet. Es handelt sich dabei im Wesentlichen zunächst einmal um die Sphären des Privaten und des Öffentlichen. In beiden Sphären bewegen sich Kinder tagtäglich und unterliegen dem ständigen Einfluss unterschiedlichster Erwachsener. Um wieder gewährleisten zu können, dass die Reifeentwicklung der Kinder keinen Schaden nimmt, kommt der Frage nach der Gewichtung dieser beiden zentralen Bereiche entscheidende Bedeutung zu.

Als klassischer Ort der Kindererziehung und -entwicklung gilt die Familie, mithin also die Sphäre des Privaten. Wie ich bereits im Exkurs über die Wandlung des Kindheitsbegriffes gezeigt habe, ist die Familie kulturgeschichtlich betrachtet spätestens seit dem 19. Jahrhundert die zentrale Instanz, um dem Kind einen geschützten Raum für den Übergang ins Erwachsenenalter zur Verfügung zu stellen.

Die private Sphäre – Was muss Familie heute leisten?

In der Sphäre der Öffentlichkeit sind es vor allem der Kindergarten und die Schule, welche die Entwicklung von Kindern und Jugendlichen prägen, daneben aber auch eine Menge unterschiedlicher Institutionen, wie Vereine und Verbände oder Jugendgruppen. Der Freundeskreis stellt eine Mischform zwischen beiden Sphären dar, er enthält sowohl Elemente des Privaten als auch des Öffentlichen.

Es ist sinnvoll, zunächst den privaten Raum genauer zu betrachten, sich also die Frage zu stellen: Was kann und was muss das System Familie heute leisten, um eine Gefährdung des Kindeswohls durch Beziehungsstörungen zu vermeiden und eine gesunde Reifeentwicklung sicherzustellen?

Ich habe bereits dargestellt, warum der Begriff der Erziehung, so wie er derzeit verwendet wird, auf den notwendigen Umgang mit Kindern innerhalb der Familie nicht mehr passt. Diesem Begriff haftet mitunter ein recht negativer Touch an, wird er doch heute vielfach verwechselt mit einem relativ technischen Begriff des Aufstellens von Geboten und Verboten, basierend auf einem System von Belohnung und Strafe. Ziel der Übung wäre es dabei, dass das Kind irgendwann im Sinne von Gehorsam auf die Anweisungen der Eltern hört. Dieser Ansatz ist vollkommen falsch und hat auch dazu geführt, dass heute so kontrovers und ideologisch gefärbt über Erziehung diskutiert wird. Fruchtbare Ergebnisse der Diskussion sind allein auf Grund dieser Ideologisierung nur schwer zu erzielen.

Der richtige Ansatz hingegen basiert auf der grundlegenden Erkenntnis, dass ein Kind mehr oder weniger alles über die Beziehungsebene ausführt. Fehlverhalten von Kindern ist meistens kein Versagen von erzieherischen Konzepten, sondern Ausdruck von Beziehungsstörungen. Für den Fall, dass das Kind als Kind gesehen wird, ist mit dem dritten Lebensjahr die Selbstbildung abgeschlossen. Das Kind unterscheidet dann zwischen sich und einem äußeren Gegenüber. Ab dem fünften Lebensjahr ist es tief beziehungsfähig, es tut alles *für* die Eltern und lernt nachhaltig aus Konflikten. Mit sechs Jahren geht das Kind *für* die Eltern in die Schule, folglich haben diese über die Beziehung Einfluss auf sein Sozial- und Leistungsverhalten. Diese Entwicklungsschritte muss man immer im Hinterkopf haben, wenn man sich Kinder anschaut und ihr Verhalten beurteilt. Sie lassen sich jedoch nicht per Anordnung anerziehen, sondern beruhen zum großen Teil auf der Beziehung des Kindes zu seinen Eltern.

Das bedeutet im Hinblick auf klassische Erziehungsratgeberinhalte: Das Thema »absolute Konsequenz« ist hier fehl am Platz, es ist aber dringend nötig, über Struktur zu reden. Das Thema »Grenzen setzen« ist zumindest vordergründig nicht gemeint; Eltern müssen dagegen stets darauf achten, abgegrenzt zu agieren. Das Thema Strafen ist sowieso deplatziert, denn wenn sich das Kind normal entwickelt, sind Strafen fast überflüssig.

Es wird gerne argumentiert, Kinder könnten ein bestimmtes Verhalten nur lernen, wenn Eltern größtmögliche Konsequenz zeigen. Wer näher darüber nachdenkt, wird schnell feststellen, dass sich diese Forderung kaum in die Realität umsetzen lässt. Inkonsequenz wohnt dem menschlichen Verhalten inne. So gibt es Tage, an denen mich ein bestimmtes Verhalten meines Kindes stört, und wiederum andere Tage, an denen ich das gleiche Verhalten durchaus akzeptabel finde. Das ist beispielsweise abhängig von meiner Stimmung, es ist auch abhängig davon, ob ich ein jüngeres oder ein älteres Kind vor mir habe, und nicht zuletzt ist es abhängig von der konkreten Situation. Soll heißen: Benutzt mein Kind Fäkalausdrücke, beschimpft vielleicht sogar andere Menschen damit, werde ich immer konsequent sein und es aufs Zimmer schicken. Redet es mir einfach nur dazwischen, stört mich das manchmal, aber nicht immer. Ich kann also in dieser Situation durchaus in dem Sinne inkonsequent sein, dass ich an manchen Tagen verschiedene Dinge laufen lasse und an anderen dem Treiben ein Ende setze.

Struktur dagegen bedeutet etwas anderes und darf nicht mit Konsequenz verwechselt werden. Struktur hat mit Abläufen zu tun, die dem Kind Sicherheit und Halt geben (Konsequenz wäre also höchstens ein Thema innerhalb von Struktur). Einfache Strukturen wären etwa Tagesabläufe, die immer gleich sind. Ein kleines Kind steht zu einer bestimmten Zeit, in der Regel recht früh, auf, es benötigt eine Mittagspause mit Schlaf, und es muss früh wieder zu Bett gehen. Weitere Punkte innerhalb des Ablaufs, wie etwa ein Spaziergang, sind natürlich denkbar, sie sollten dann aber

Die private Sphäre – Was muss Familie heute leisten?

auch eine dauerhafte Einrichtung sein. Bei älteren Kindern verändert sich die Struktur entsprechend den alltäglichen Anforderungen. Ein Schulkind muss beispielsweise wissen, dass nachmittags vor der Freizeit die Hausaufgaben zu erledigen sind oder dass abends die Reihenfolge Abendessen, Zimmer aufräumen, waschen als richtig gesetzt ist.

Struktur ist für Kinder deshalb so wichtig, weil sie genau die Orientierung vermittelt, die in Beziehungsstörungen aufwachsende Kinder nicht mehr bekommen. Ich kann keine Struktur vermitteln, wenn ich jeden Abend mit dem sechsjährigen Kind diskutiere, ob es schon müde sei und ins Bett wolle oder noch nicht. Der Sechsjährige, der an diesen Ablauf gewöhnt ist, wird auch mit der Zeit nicht mehr auf die Idee kommen, aus diesem Vorgang ein Drama zu machen, sondern er ist ihn gewöhnt und muss ihn nicht mehr in Frage stellen.

Mit dem Vorgeben einer solchen Struktur wirke ich keinesfalls auf das Kind ein oder versuche ihm in autoritärer Weise etwas einzuimpfen. Struktur wird immer der Verhaltensweise angepasst. Sie stellt den Menschen lediglich in einen geschützten Raum, in dem er sich optimal entfalten kann. Die Raummetapher kann man dabei durchaus wörtlich nehmen.

Stellen Sie sich vor, Sie sollten ein wichtiges Gespräch führen, welches höchste Konzentration erfordert. Es dürfte den meisten Menschen leichter fallen, solch ein Gespräch in einem begrenzten Raum zu führen statt irgendwo auf einem freien Feld, umgeben von einem Gefühl unendlicher Weite, das dazu einlädt, sich darin zu verlieren. Genauso verliert sich ein Kind in den scheinbar unbegrenzten Möglichkeiten, wenn Mutter und Vater es in jede einzelne Entscheidung mit einbeziehen, anstatt mit einer klaren Linie Orientierung vorzugeben.

Es ist allerdings dabei zu beachten, dass Struktur erst dann sinnvoll vorgegeben werden kann, wenn das Kind in der Lage ist, diese zu erkennen. Möglich ist das in jedem Fall ab einem Alter von etwa drei Jahren, also in jener Phase, in der sich das Weltbild des Kindes langsam vom narzisstischen Alleinsein wegbewegt und die Unterscheidung in »ich und du« Einzug in die kindliche Psyche halten muss. Dies geschieht in einem fließenden Übergang, an dessen Ende das Kind in der Lage wäre, die Eltern als Gegenüber zu erkennen und dieses als strukturierend und Sicherheit gebend zu spüren. Das Einhalten von Struktur ist umso wichtiger, je jünger das Kind ist. Bei kleinen Kindern muss die Struktur viel klarer und viel stärker unterteilt sein als bei älteren. Nur wenn diese Struktur in möglichst immer gleicher Form vorliegt, ist das Gehirn des Kleinkindes in der Lage, sie zu erkennen und mit der Zeit als Sicherheit zu empfinden.

Man könnte statt Struktur an dieser Stelle auch den Begriff des Rituals gebrauchen. Kleinkinder brauchen Rituale im Sinne von gleichen Abläufen, gleichen Anordnungen. Da muss also etwa in der Badewanne die Ente immer an derselben Stelle liegen, im Bett sollten die Kuscheltiere in der gleichen Reihenfolge angeordnet sein. Jeder, der schon mal ein Kleinkind aus heiterem Himmel hat weinen sehen, weil ein winziges, scheinbar unwichtiges Detail anders war als sonst, weiß, wovon ich rede.

Säuglinge haben zwar noch nicht die Erkenntnisfähigkeit des etwas größeren Kindes, brauchen aber natürlich auch Strukturen in Form von Sicherheit. Der Säugling muss die sofortige Zuwendung seiner Eltern erleben, wenn er schreit, das ist seine Unterform von Struktur, die für ihn lebenswichtig ist.

Das vielleicht beliebteste Thema in der ganzen Erziehungsdiskussion ist das »Grenzen setzen«. Im Rahmen meiner Thesen zur psychischen Entwicklung des Kindes geht es mir jedoch nicht darum, dieses Thema, das für ein pädagogisches Konzept steht, aufzugreifen. Ich will an dieser Stelle noch einmal explizit auf den Unterschied zwischen Grenzen setzen und »abgegrenzt sein« hinweisen.

Ich möchte diesen Unterschied anhand des folgenden kleinen Beispiels illustrieren: Wenn ich durch die Innenstadt gehe und dabei angepöbelt werde, lasse ich mich nicht darauf ein. Ich ignoriere den Pöbler, rege mich auch nicht darüber auf, sondern denke höchstens »so ein Blödmann« und gehe weiter. Ich stelle mich also in diesem Moment nicht zur Verfügung, setze aber dem Pöbler natürlich auch keine Grenzen, indem ich auf ihn zugehe und versuche, ihn in die Schranken zu weisen. Ich gehe weiter, weil ich in mir abgegrenzt bin und mich nicht zur Verfügung stelle. Es geht um mich, der andere ist mir in diesem Moment egal. Ich beurteile also wiederum nur das Verhalten eines anderen Menschen. Noch deutlicher wird das, wenn ich mir vorstelle, der Pöbler wäre kein Pöbler, sondern jemand, der mich freundlich nach dem Weg fragt. In diesem Fall wäre ich nach wie vor in mir, würde aber natürlich entscheiden, mich zur Verfügung zu stellen und zu helfen.

Beim Grenzensetzen handelt es sich um ein aktives Regeln des Kindes, welches als pädagogische Leitlinie mit zunehmendem Alter des Kindes eine immer größere Rolle spielt. Bei kleineren Kindern muss sich demgegenüber zunächst einmal die Erkenntnis verfestigen, dass es menschliche Gegenparts gibt, die es steuern und bestimmen. Das kann nur gelingen, wenn Erwachsene dem Kind stets signalisieren: Es gibt »dich« und es gibt »mich«. Stört mich beispielsweise ein Kind in einer Gesprächssituation, indem es versucht, mir auf den Schoß zu klettern und mit mir zu spielen, lasse ich mich davon nicht ablenken, sondern halte das Kind liebevoll von mir weg. Ich setze damit nicht aktiv eine Grenze, sondern begrenze aus mir selbst heraus. Das Kind lernt mich damit als begrenzendes Gegenüber kennen, eine wichtige Voraussetzung zur Bildung der Nervenzelle Mensch.

Die Begrenzung, die das Kind dadurch erfährt, ermöglicht ihm die psychische Weiterentwicklung, die es später einmal brauchen wird, um ganz von selbst Grenzen einhalten zu können. Wer das verstanden hat, wird auch leichter

Die private Sphäre – Was muss Familie heute leisten?

akzeptieren können, dass für die Entwicklung von Kindern eben nicht nur das wichtig ist, was das Kind will, oder besser gesagt: scheinbar will. Diese partnerschaftliche Sichtweise verkennt, dass Kinder grenzenlos auf die Welt kommen. Im traumhaften Zustand des Säuglingsalters reicht ein Schrei, und die Bedürfnisse werden erfüllt. Kinder, die keine abgegrenzten Erwachsenen erleben, verbleiben in dieser Vorstellung. Die Frage, was Kinder wollen, ist daher falsch gestellt. Kinder wollen Gummibärchen, Eis und einen Fernseher. Oder Schokolade, einen Game Boy und Sommerklamotten im Winter. Oder die Wollmütze im Hochsommer. All das ist nur zu verständlich, und fragt man Erwachsene, was sie ohne Rücksicht auf die Realität gerne wollen, antworten sie wohl auch: viel Geld, immer Urlaub und das komplette Verwöhnprogramm. Nun hat aber der Erwachsene sich in der Regel als von außen bestimmtes Individuum erlebt und weiß daher, dass dieses Wunschkonzert zumeist ausfallen muss. Trotzdem kann er mit diesem Defizit normal und glücklich leben.

Die psychische Entwicklung von Kindern entsteht somit auch durch Verweigerung auf Erwachsenenseite, nicht nur durch Gewährung. Ein gutes Beispiel dafür ist die Sprachentwicklung. Für die »richtige« Sprachentwicklung ist es wichtig, dass dem Kleinkind nach und nach die Verständigung in Babysprache bzw. einer nicht altersangemessenen Sprache verweigert wird. Eltern sind in der Regel gut darin, ihr Kind bei jeder noch so undeutlichen wie unangemessenen Ausdrucksweise zu verstehen und auf seine Äußerungen zu reagieren, während Außenstehende oft gar nichts verstehen. Ein Beispiel dafür wäre ein Dreijähriger, der den Wunsch nach einem Getränk immer noch ausdrückt, indem er einfach nur »tinken« oder etwas Ähnliches sagt. Altersangemessen wäre es durchaus, einen einigermaßen vollständigen Satzbau im Sinne von »Ich möchte etwas trinken« zu verlangen. Wenn das Kind sich nicht gefordert sieht, sein Sprachniveau anzuheben (weil es auch auf »tinken« hin sein Getränk automatisch bekommt), wird es das auch nicht tun. Solange Mama und Papa sich weiter aufs babyähnliche Gebrabbel verstehen, gibt es keine Notwendigkeit dazu.

Um das besser zu verstehen, kann man auch einen Vergleich zur Motorik ziehen. Wie sollte ein Kind jemals laufen lernen, wenn es immer nur getragen wird? Die motorischen Schwierigkeiten vieler Kleinkinder von heute sind nicht zuletzt darauf zurückzuführen, dass ihnen auf Grund der unterschiedlichen Konzepte vom Kind Bewegung auf immer neue überflüssige Weise abgenommen wird. Dieses Beispiel zeigt auch, dass es eben normalerweise angelegt ist, mit Kindern anders umzugehen. Im Konzept »Kind als Kind« würde die Begleitung solcher Entwicklungsschritte von den Eltern automatisch geleistet. Erst das Auftreten anderer Konzepte und daraus resultierender Beziehungsstörungen führt dazu, dass diese Automatismen nicht mehr greifen.

Die ständige Gewährung bedeutet eine Unterforderung. Ein System, in dem permanent ohne Bedingung gewährt wird, schwächt dabei andere Systeme, in denen gefordert wird. Kinder werden im weiteren Verlauf ihres Lebens aber immer öfter mit fordernden Systemen konfrontiert, schwach beginnend beim Kindergarten, gesteigert in der Schule und perfektioniert im Berufsleben sowie im sozialen Gefüge des Erwachsenenlebens. Haben sie rechtzeitig als Kinder Begrenzung erfahren, können sie ohne Probleme als selbstbewusste Menschen mit den vielfältigsten Anforderungen zurechtkommen.

Es ist zwingend erforderlich, dass dieses Problem gesehen und verstanden wird. Denn es gibt für dieses Gewährungssystem eine natürliche Sollbruchstelle. Diese liegt beim Übergang von der Schule ins Berufsleben. Bis zum Abschluss der Schule ist es ohne Weiteres möglich, dass bei einem entsprechenden Konsens die Anforderungen immer weiter abgesenkt werden, indem den Kindern größtmögliche Freiheit gewährt wird. In den Unternehmen ist das jedoch nicht möglich. Im Gegenteil: Hier steigen die Anforderungen eigentlich ständig, es kann keine Form der Schonung mehr gewährt werden. Die Kinder, die in ihrem Leben nicht ausreichend die Erfahrung von Begrenzung gemacht haben, können damit nicht klarkommen, die großen Schwierigkeiten in vielen Ausbildungsbetrieben sind diesem Umstand geschuldet.

Es ist in diesem Zusammenhang nützlich, auf den Unterschied zwischen Selbstständigkeit und Selbstbestimmung hinzuweisen. Ich erlebe es in immer mehr Familien, dass ein

Die private Sphäre – Was muss Familie heute leisten?

großer Stolz auf die Kinder vorhanden ist, weil diese schon in jungen Jahren so selbstständig seien. Das sieht dann in der Regel so aus, dass bereits sieben oder acht Jahre alte Kinder sich morgens vor der Schule vom Wecker wecken lassen, von alleine aufstehen, sich anziehen, ein Brot schmieren und dann zur Schule fahren. Wohlgemerkt nicht, weil die Eltern nicht da wären. Sie sind zwar anwesend, sehen aber offensichtlich keine Notwendigkeit, ihr Kind zu begleiten. Diese dringend notwendige Begleitung wird als Bevormundung des Kindes fehlinterpretiert, ein Missverständnis mit Konsequenzen.

Denn in der Schule sind diese »selbstständigen« Kinder trotzdem auffällig, weil sie Schwierigkeiten haben, still zu sitzen, Anweisungen des Lehrers zu befolgen und normal mit ihren Mitschülern umzugehen. Der Grund für diese nur auf den ersten Blick erstaunliche Diskrepanz ist der, dass diese Kinder eben nicht selbstständig, sondern selbstbestimmt bzw. selbstbestimmend handeln. Ihre Eltern muten ihnen in ihrem zarten Alter zu, den Tagesablauf selbst zu organisieren, und sind dabei in dem besten Glauben, ihre Kinder damit lebenstüchtiger zu machen als Gleichaltrige, bei denen die Eltern stärker begleiten. Den selbstbestimmenden Kindern wird durch den Rückzug der Eltern eine notwendige Struktur vorenthalten – und gleichzeitig ist niemand anwesend, der die Rolle des abgegrenzten Gegenübers einnimmt und beim morgendlichen Ablauf in der Wahl der Kleidung oder des Frühstücks etwa wahrnehmbar

Die private Sphäre – Was muss Familie heute leisten?

wäre. Stattdessen bekommen diese Kinder vermittelt, der alleinige Herr über ihren Tagesablauf zu sein, und nehmen diese scheinbare Gewissheit mit in die Schule, wo sie plötzlich dauernd auf Begrenzung und Fremdbestimmung treffen, sei es durch Lehrer, sei es durch Mitschüler. Wen mag da noch wundern, dass es bei diesem Aufeinandertreffen immer wieder knallt?

Das uralte pädagogische Thema Strafen erledigt sich mit dem vorher Gesagten eigentlich fast von alleine. Dazu muss man sich klarmachen, was geschieht, wenn bewusst Strafen erteilt werden. Was ist das Ziel einer Strafe, unabhängig von ihrem Ausmaß? Ziel einer Strafe kann nur sein, zu erreichen, dass das Kind sich ändert. Dieser Ansatz ist streng genommen bereits Ausdruck einer symbiotischen Beziehungsstörung, denn ein Kind kann ich nicht ändern, wie ich es per medizinischer Behandlung bei einem eigenen Körperteil könnte. Als pädagogisches Mittel gibt es die Strafe zwar weiter, ihre Funktion beim Abbau von Schuldgefühlen darf nicht unterschätzt werden; in extremen Situationen, d. h. also bei sehr deutlichem Fehlverhalten wie Lügen oder Klauen, dient sie letztlich der Läuterung, allerdings auch frühestens ab einem Alter von sechs Jahren. Sie hat dann vor allem Symbolcharakter für das Kind, die Strafe bedeutet ihm: Hier ist absolut Schluss, dieses Verhalten kann nicht toleriert werden. Der weitgehende Verzicht auf Strafen ist nebenbei gesagt ja eine geradezu paradiesische Vorstellung, die gerade den Apologeten einer antiautoritären Erziehung

Die private Sphäre – Was muss Familie heute leisten?

sehr zusagen müsste. Der Unterschied besteht allerdings fundamental im Weg zur Erreichung dieses Ziels.

Eine Änderung im Verhalten des Kindes erreichen zu wollen, bedeutet im Grunde nichts anderes, als das Kind in eine Anpassung zu zwingen. Ich möchte dann mit diesem quasi pädagogischen Konzept erreichen, dass mein Kind in der Familie nach meiner Vorstellung funktioniert und nicht querschießt.

Pädagogische Konzepte jedoch, gleich welcher Ausrichtung, haben im Rahmen der privaten Familiensphäre nichts zu suchen, ich würde sogar so weit gehen zu behaupten, sie seien geradezu schädlich. Die allzu bemühte Suche von Eltern nach pädagogischen Konzepten könnte eher ein Hinweis darauf sein, dass bereits eine Beziehungsstörung vorliegt und man sich nicht mehr auf seine Intuition verlassen mag. Wir müssen davon wegkommen, das Hören der Kinder pädagogisch im Sinne von »Funktionieren nach Regeln« zu sehen.

Kinder sollen nicht innerhalb der Familie zur Anpassung erzogen werden, sondern sie sollen reifen. Damit wären sie in der Lage, sich im öffentlichen Bereich der Situation angepasst verhalten zu können. Diesen Unterschied zu verstehen, ist eine sehr wichtige Aufgabe für Eltern.

Ein weiterer Aspekt: Kinder haben natürliche Aggressionen, die ebenso wie beim Erwachsenen abgebaut werden müssen. Der Unterschied liegt jedoch darin, dass Kinder noch nicht in der Lage sind, diesen Aggressionsabbau zu steuern, weil sie die Aggression nicht auf die gleiche Art und Weise spüren wie ein Erwachsener. Sich bewusst ein Ventil für den Abbau zu suchen, wie es ein Erwachsener beispielsweise über Sport machen kann, ist für Kinder so nicht zu leisten.

Diese Erkenntnis ist notwendig, um einschätzen zu können, warum Kinder sich bisweilen daheim danebenbenehmen. Verweigerungshaltungen oder freches Verhalten sind ja nicht per se pathologisch. Sie resultieren aus einer natürlichen Anspannung, die sich im Laufe eines Tages aufbaut, bei Schulkindern etwa durch Erlebnisse in der Schule. Aufgabe der Eltern ist es, dem Kind beim Abbau dieser Spannungen behilflich zu sein. Das funktioniert mit dem einfachen Mittel, das Kind bei Fehlverhalten aufs Zimmer zu schicken, sehr gut. Die räumliche Trennung ist hierbei das Prinzip. Bildlich gesprochen schicke ich in diesem Moment weniger das Kind selbst, als vielmehr die Spannung bzw. die Aggression aufs Zimmer und separiere diese damit. Das Kind, welches für einen kurzen Zeitraum mit der Aggression alleine ist, verliert diese fast automatisch. Eine Anspannung fällt ab, wenn man rausgeht und alleine ist. Anstatt mit immer neuen Diskussionen in der Familie also eine ständige Ausweitung der Kampfzone zu betreiben, tun Eltern gut daran, jene Zone gar nicht erst entstehen zu lassen, sondern grundsätzlich auf ein Konzept der Deeskalation zu setzen.

Es ist dabei wichtig, die Tatsache, dass das Kind aufs Zimmer geschickt wird, nicht als Strafe zu definieren, wie es normalerweise gerne gemacht wird. Ein freches Kind für einen Moment zu distanzieren, ist keine Bestrafung, sondern eine Form, dem Kind den dringend notwendigen Aggressionsabbau zu ermöglichen. Dabei zählt übrigens auch nicht das naheliegende Argument, Aggression trete ja gerade in Stresssituationen auf, in denen schlicht keine Zeit sei, das Kind noch wegzuschicken – beispielsweise, wenn ein dringender Termin ansteht. Der Spannungsabbau durch das räumliche Distanzieren geht in der Regel sehr schnell, das kann durchaus eine Frage weniger Minuten sein, wenn es erst einmal eingeübt ist. Denn auch hier gilt natürlich: Sicherheit entsteht erst durch viele Durchläufe. Es geht also nicht darum, das Kind längere Zeit »wegzusperren«, sondern lediglich um den Akt der räumlichen Trennung, mit dem Ziel, die Aggression zu separieren und ins Leere laufen zu lassen.

Als Beispiel kann man sich etwa die allmorgendliche Situation in den vielen Familien vorstellen, die ein Kindergartenkind daheim haben. Die Zeit ist meist knapp, es muss schnell gehen, das Konfliktpotenzial ist entsprechend hoch. Da liegt es nahe, den Gedanken, das Kind wie beschrieben noch mal aufs Zimmer zu schicken, um eine kritische Situation wie die Weigerung, ins Auto zu steigen und mitzukommen, zu entschärfen, für absurd zu halten, weil das noch mehr Zeit kostet. Es ist jedoch die Überlegung wert, wie viel mehr Zeit und Nerven es kostet, das aggressiv geladene Kind ins Auto zu packen und mitzunehmen. Der in sich ruhende Erwachsene wäre in der Lage, diese Abwägung für sich zu treffen und sich dafür zu entscheiden, lieber ein paar Minuten mehr im Haus in Kauf zu nehmen, um das Kind »runterzufahren«.

Wer andere Konzepte vom Kind lebt, weil er sich in einer Beziehungsstörung befindet, wird entsprechend anders reagieren. Kurz gesagt: Der partnerschaftlich orientierte Elternteil wird lang und breit versuchen, dem Kind zu erklären, warum es denn wirklich nötig sei, nun loszugehen. Diese Vorgehensweise ist letztlich sogar dazu angetan, die Aggression noch zu steigern. In der Projektion läuft der Erwachsene sogar Gefahr, sich vom Kind davon abbringen zu lassen, den Kindergarten aufzusuchen. Oder er gesteht dem Kind andere Dinge zu, die eigentlich nicht zum normalen Ablauf am Morgen gehören. Wer schließlich das Kind als Teil seiner selbst verarbeitet, also in der Symbiose lebt, wird auf Gedeih und Verderb versuchen, das Kind dazu zu bewegen, auf der Stelle mitzukommen.

Struktur und abgegrenztes Verhalten sind zwei wesentliche Elemente, um einen gesunden Reifungsprozess beim Kind zu erlangen. Ein weiteres Element wäre das, was man im gängigen pädagogischen Jargon vielleicht als Erziehungsziel bezeichnen würde. Was damit gemeint ist, lässt sich am besten an einem einfachen Beispiel aus dem Alltag erklären. Eine funktionierende Körperhygiene würde wohl jeder als normales Erziehungsziel definieren, ohne dass es große Diskussionen darüber gäbe, ob dies unbedingt notwendig sei oder nicht. Auf der strukturellen Ebene lernt das Kind, dass Duschen zu den regelmäßigen Abläufen am Tag gehört. Es bekommt generell Sicherheit vermittelt durch eine bestimmte, wiederkehrende Reihenfolge, etwa Abendessen, Zimmer aufräumen und dann duschen. Auf das Verhalten des Kindes dabei reagiere ich wie immer in mir abgegrenzt, eine möglicherweise auftretende Verweigerung des Kindes würde ich als solche spüren.

Auf der dritten, der Ebene des Erziehungszieles nun erwarte ich, dass das Kind den Vorgang des Duschens irgendwann genauso selbstverständlich ausführen kann wie ich als Erwachsener. Nur funktioniert dies nicht darüber, indem ich dem Kind erkläre, dass Duschen wichtig für die Körperhygiene ist. Das bedeutet nicht, dass ich dem Kind nicht verschiedene Umstände dazu erklären darf. Aber ich sollte mir dabei im Klaren sein, dass das Kind über diese Erklärungen nicht das Duschen an sich als notwendigen Vorgang begreifen kann, weil es psychisch dazu noch nicht in der Lage ist.

Ganz selbstverständlich Duschen lernen wird das Kind nur durch an- und ausdauernde Begleitung der Eltern in altersabhängiger Intensität. Anders gesagt: Bis die »Nervenzelle Duschen« vollständig funktioniert, das Kind also ganz alleine dazu in der Lage ist, vergehen mindestens zwölf Jahre.

Im Einzelnen bedeutet das: Im Alter bis zu fünf Jahren bade ich das Kind. Etwa von fünf bis sieben kann das Kind unter der Dusche stehen und sich selbst einseifen und waschen, aber ich stehe daneben und sage dem Kind beispielsweise: »Nimm den Waschlappen!«, ich leite es also an. Ab sieben wird das Kind zwar selbstständiger, trotzdem stelle ich mich bis zu einem Alter von zwölf Jahren immer wieder dazu, korrigiere, falls nötig, und erinnere an nicht ausgeführte Dinge, sei es, dass noch Shampoo im Haar ist oder dass die Fußnägel geschnitten werden müssen. Auch zwischen zwölf und 14 Jahren muss ich möglicherweise noch ab und zu den richtigen Ablauf kontrollieren, erst dann kann ich sicher davon ausgehen, dass der Jugendliche das Duschen automatisiert hat.

Das alles braucht selbstverständlich seine Zeit. Eltern bis in die siebziger oder achtziger Jahre hatten diese Zeit und brachten sie auf, um sich dem Kind entsprechend zu widmen. Die Auflösung gesellschaftlicher Strukturen war noch nicht so weit vorangeschritten, dass es auch im System Familie immer schwieriger wurde, Struktur und Orientierung zu garantieren. Fakt ist: Nur wenn ich sehe, dass das Kind diese Zeit von mir braucht, bin ich wirklich in der Lage, sie aufzubringen. Das geht jedoch nur, wenn ich das Kind als Kind sehe. Andernfalls wird es immer eine Begründung geben, warum das Kind weitestgehend alleine gelassen werden darf.

Das mag im ersten Augenblick Stirnrunzeln hervorrufen oder sogar komisch klingen, doch wird es verständlich, wenn man sich klarmacht, was Oberfläche ist und worum es im Kern geht. Oberflächlich sehe ich natürlich den Achtjährigen alleine unter der Dusche stehen, motorisch durchaus in der Lage, sich am ganzen Körper zu waschen. Im Kern geht es aber darum, dass er diesen Vorgang ohne jegliche Hilfe von außen und ohne eigenes kognitives Zutun ausführen können sollte, kurz gesagt: Er sollte es tun können, ohne darüber nachzudenken. Denn genau das passiert, wenn ein Erwachsener duscht. Er kann jederzeit sicher sein, sich beispielsweise die Schulter gewaschen zu haben, ohne dass er während des Duschvorgangs darüber nachgedacht hätte. Ich kann mich also unter der Dusche mit ganz anderen Gedanken beschäftigen und habe hinterher trotzdem alle notwendigen Vorgänge ausgeführt. Das geht nur, weil der Inhalt »Duschen können« in meiner Kindheit und Jugend ausreichend trainiert worden ist.

Wem dieses Beispiel immer noch zu banal erscheint, dem sei gesagt, dass ich in meiner Praxistätigkeit heute mit so viel ungewaschenen Kindern zu tun habe wie nie zuvor. Dieses Phänomen ist in direkter Weise auf die Beziehungsstörungen zwischen Eltern und Kind zurückzuführen. In solchen Fällen sieht es daheim bei den Kindern eben nicht so aus, dass sie die von mir beschriebene Begleitung bei der Körperhygiene erfahren, sondern die Eltern lassen diese Kinder im Bad alleine. Vielleicht, weil sie glauben, ihnen ausreichend erklärt zu haben, warum und wie sie sich waschen müssen, also die Notwendigkeit beim Kleinkind gar nicht sehen. Im Rahmen der Symbiose wird die Notwendigkeit, das Waschen zu erlernen (aus der Sicht des Kindes) bzw. es beizubringen (aus der Sicht des Erwachsenen) als solche gar nicht mehr erfasst.

Struktur geben, durch Abgrenzung dem Kind ein hilfreiches Gegenüber sein und Inhalt bzw. Erziehungsziele ausbilden. Diese drei Elemente sind zentrale Säulen, die ich dem familiären Bereich zuordne. Das kann selbstverständlich nur hinreichend funktionieren, wenn gewisse Rahmenbedingungen gegeben sind, deren wichtigste das Vorhandensein einer gesunden Beziehungsebene zwischen Kind und Eltern ist. Eltern, die im Rahmen der ihnen nicht bewussten Beziehungsstörungen mit ihren Kindern umgehen, können diese Leistungen nicht in ausreichender Weise erbringen und gefährden damit den Reifungsprozess ihrer Kinder. Bei ihnen ist die Erkenntnis und die Auflösung der Beziehungsstörungen die wichtigste Voraussetzung, um wieder in ein natürliches Verhältnis zu ihren Kindern zurückzugelangen.

Kapitel 7

Die öffentliche Sphäre – Gesellschaftliche Erwartungen und Druck

Ein weiteres Zitat aus der bereits erwähnten Studie »Eltern unter Druck« spricht eine gesellschaftliche Realität an, die wie kaum eine zweite so stark ideologischen Konfrontationen ausgesetzt ist, dass ein sinnvolles Gespräch darüber kaum noch zu führen ist:

Eine Mutter, die auch nach dem dritten Lebensjahr des Kindes »nur« Hausfrau und Mutter sein will, ist unter Rechtfertigungsdruck – ebenso wie Mütter, die versuchen, Familie und Berufstätigkeit früher zu vereinbaren.[11]

Beide in diesem kurzen Zitat angesprochenen Lebensformen haben etwas mit dem Faktor Zeit zu tun. Auf der einen Seite wird der Anspruch erhoben, es sich leisten zu können, daheim zu bleiben, schlicht und ergreifend als Mutter zu fungieren und damit automatisch ausreichend Zeit für die Kinder zu haben (die ideologisch noch tiefer greifende

---

11. Merkel; Wippermann: Eltern unter Druck a. a. O. S. 17.

Frage der »Hausfrau« lasse ich an dieser Stelle weg, da sie mit meinem Thema nichts zu tun hat und den Blick aufs Eigentliche verstellt). Auf der anderen Seite steht die Forderung, nach der Geburt früh wieder in den Beruf einsteigen zu können und trotzdem noch genug Zeit für die Kinder zur Verfügung stellen zu können.

Das Zitat aus der Studie verweist auf den mittlerweile unmöglichen Spagat zwischen beiden Polen. Betrachtet man die gesellschaftliche Realität mit den Anforderungen des modernen Arbeitsmarktes, stellt die Berufstätigkeit von Müttern spätestens nach dem dritten Lebensjahr mehr und mehr die Regel dar. Sowohl die politischen Rahmenbedingungen als auch die enge Personalsituation in vielen Unternehmen und die mangelhafte finanzielle Ausstattung von Familien lassen es kaum zu, dass die klassische Begleitung der Reifeentwicklung hauptsächlich in den Familien stattfinden kann. Stattdessen sind außerfamiliäre Institutionen in zunehmendem Maße gefordert, ihren Beitrag zu dieser Reifeentwicklung beizutragen.

Angesprochen ist damit in der Tat nicht weniger als die Manifestierung eines Paradigmenwandels innerhalb der deutschen Gesellschaftsordnung. Erforderlich ist zweierlei: das Umdenken in den Köpfen hinsichtlich der Elternrolle, speziell der Mütter, für die Kindesentwicklung sowie eine Neuausrichtung in den Konzepten von Kindergärten und Grundschulen. Dazu ist definitiv auch auf politischer Ebene eine größere Flexibilität in der Bildungs- und Familienpolitik gefordert. Parteiübergreifend wären hier sofortige Maßnahmen notwendig, um die strukturellen und finanziellen Rahmenbedingungen zu schaffen, innerhalb derer in den Institutionen die wichtige anstehende Arbeit getan werden kann.

Fehlende Struktur in Kindergarten und Grundschule

Das gesellschaftlich festgefügte Bild von der Wirklichkeit in Kindergärten und Grundschulen ist allzu häufig immer noch das einer im Grunde niedlichen Welt, in der wissbegierige Kleinkinder von gut ausgebildeten Erzieherinnen und Lehrern mit dem notwendigen Basiswissen versorgt werden, um im späteren Leben Erfolg zu haben.

Erziehung der Kinder oder gar die Entwicklung der kindlichen Psyche ist viele Jahre in diesem Bild nicht vorgekommen. Erziehung und Entwicklung hätten auch in einer radikal veränderten Welt immer noch in den heimischen vier Wänden stattzufinden, es sei die ureigenste Aufgabe der Eltern, dieses zu leisten. Und wenn das nicht klappte, könne man diese Aufgabe nicht außerhalb dieser vier Wände nachholen.

Manche Erzieher und Erzieherinnen, aber vor allem Lehrer und Lehrerinnen wissen, wie weit dieses Bild mittlerweile von der Realität entfernt ist. Man hat den Eindruck,

Die öffentliche Sphäre – Gesellschaftliche Erwartungen und Druck

dass Letztere sich oft kaum noch daran erinnern, welche Fächer sie einstmals studiert haben, um ihren Schülern deren Inhalte in der Schule nahe zu bringen. Denn um Inhalte geht es schon lange nicht mehr. Vor ihnen stehen Schüler, die beständig zu verhindern wissen, dass ihnen irgendjemand mit Inhalten kommt. Schüler, deren Verhalten bisher oftmals vollkommen unerklärlich erschien und denen hilflos mit immer neuen pädagogischen Ideen begegnet wurde, die, eine nach der anderen, mehr oder weniger verpufften.

Schule hat sich auf diese Weise von ihrem ursprünglichen Auftrag, hauptsächlich Wissen zu vermitteln, entfernt. Das primäre Ziel, Kinder zu unterrichten, gerät immer stärker in den Hintergrund, da ein Großteil der Zeit damit zugebracht werden muss, sich mit dem Verhalten der Schüler auseinanderzusetzen. Die Folgen wie ausgebrannte, verzweifelte Lehrer und schulische Situationen, die auf der Kippe zum totalen Chaos stehen, geistern seit Jahren durch die mediale Berichterstattung, sind aber hier allenfalls in den absoluten Spitzen zu erkennen. Auch unterhalb der »Kategorie Rütlischule« gibt es viele Schulen, an denen das Lehrerkollegium ständig wachsende Probleme im Umgang mit der Schülerschaft hat, etwa solche, wie sie das folgende Beispiel illustriert.

Markus besucht die vierte Klasse einer Grundschule. Kunstunterricht ist offensichtlich nicht seine Sache, jedenfalls deutet sein Verhalten während der gemeinschaftlichen Lektüre eines Sachtextes darauf hin. Markus nämlich

Fehlende Struktur in Kindergarten und Grundschule

nutzt die Zeit, um zusammen mit seinem Freund Kevin den Unterricht durch lautes Reden und durch das Werfen von Kürbiskernen zu stören. Die Lehrerin ermahnt beide Jungs mehrfach, hat damit jedoch keinerlei Erfolg, die Schüler beachten sie einfach nicht. Schließlich beginnen beide noch eine Rangelei. Die Lehrerin geht nun endgültig dazwischen und fordert beide auf, in das Lehrerzimmer zu gehen und den Sachtext in ihr Heft zu schreiben.

Markus antwortet auf diese Aufforderung, anstatt ihr nachzukommen, mit einer Frage: »Was habe ich denn gemacht?« Die Lehrerin geht darauf nicht ein, sondern wiederholt ihre Aufforderung. Markus reagiert jedoch noch immer nicht, sondern mault ihr entgegen: »Ey, ich hab überhaupt nichts gemacht!« Auf die neuerliche Wiederholung ihrer Anweisung, kommt dann zwar ein »O.K., O.K., ich benehm mich jetzt!«, doch braucht es tatsächlich noch eine vierte Aufforderung, bis beide Jungs dieser endlich nachkommen. Als sie das Klassenzimmer verlassen, fällt im Weggehen ein mehr gemurmelter als gesprochener Ausdruck, den die Lehrerin in diesem Moment nicht genau versteht. Ein Klassenkamerad jedoch, der nahe der Tür sitzt, weist darauf hin, dass Markus gerade ein »schlimmes Wort« benutzt habe. In diesem Moment weiß die Lehrerin, dass sie von diesem Viertklässler soeben als »Hure« beschimpft wurde.

Was sind die Auffälligkeiten an diesem Beispiel, woher rühren sie? Das grundsätzliche Problem ist nicht, dass Markus und sein Freund »mal« den Unterricht stören oder »mal«

frech sind und Schimpfwörter benutzen. Der erste entscheidende Punkt ist hier die Reaktion oder, besser gesagt, Nicht-Reaktion auf die Ansprache durch die Lehrerin. Diese stellt für die Kinder eindeutig keine Respektsperson dar, ihre Ermahnungen werden seitens der Schüler inhaltlich überhaupt nicht wahrgenommen, stattdessen provozieren sie mehrere Wiederholungen der eigentlich klar formulierten Aufforderung, sich ins Lehrerzimmer zu begeben, um dort den Text abzuschreiben. Sie zwingen damit die Lehrerin, sich auf ihre Frechheit einzulassen, steuern sie also nach Belieben. Es ist offensichtlich, dass hier kein Gegenüber in Person dieser Lehrerin erkannt werden kann, die psychische Reife dieser Kinder liegt somit in einem Bereich von unter zweieinhalb Jahren, wo diese Respektlosigkeit natürlich ist.

Ich habe bereits auf die Kommunikationsprobleme innerhalb von Lehrerkollegien hingewiesen, die es häufig unmöglich machen, über Schwierigkeiten mit den Schülern produktiv zu diskutieren, weil von jeweils unterschiedlichen Kind-Konzepten ausgegangen wird. Auch bei Erzieherinnen im Kindergarten ist dieses Phänomen zu beobachten.

Ich benutze in diesem Zusammenhang bewusst erneut das Wort »Struktur«. Betrachtet man etwa die Abläufe in so manchem Kindergarten, scheint es heute so zu sein, dass die einzige strukturelle Vorgabe, die es gibt, darin besteht, keine Struktur aufkommen zu lassen, um die Kinder nicht einzuengen. Das ist natürlich überspitzt, viele Kindergärten sind durchaus noch bemüht, den Kindern Orientierung zu bieten, die Tendenz der letzten Jahre ist jedoch bedenklich.

Die Konzepte, die seit Jahren Eingang in die Arbeitsprozesse an Schulen und Kindergärten gefunden haben, sind im Wesentlichen partnerschaftlicher Natur. Hier sind über viele Jahre hinweg Sünden begangen worden, deren Auswirkungen heute Schüler und Lehrer zu spüren bekommen. Anders gesagt: Das Konzept »Kind als Partner« ist in dieser Zeit in markige pädagogische Leitsätze gegossen worden. Es wird als modernes Menschenbild und Fortschritt beim Umgang mit Kindern verkauft und nicht als Ursache für Probleme gesehen.

Dabei ist Struktur auch für schulische Abläufe ein Schlüsselbegriff. Zeitlich und inhaltlich geprägte feste Abläufe als Orientierungspunkte für die Schüler sind zunächst einmal die Stundenpläne. Es ist die erste Orientierung für das Kind, wenn es weiß: Jetzt ist Mathe dran, jetzt ist Deutsch dran, zu einem anderen festgelegten Zeitpunkt ist Pause. Man könnte in diesem Zusammenhang auch häufigen Unterrichtsausfall als Problem mit einbeziehen. Dabei fällt nicht nur Struktur im Unterrichtsplan weg, sondern es wird auch zusätzliche unstrukturierte, freie Zeit für die Schüler geschaffen, bei der man ihnen dann, dem partnerschaftlichen Konzept gemäß, oft zumutet, sie »schon irgendwie« füllen zu können.

Struktur in der Schule wäre etwa auch eine feste Sitzordnung oder das Aufstehen zur Begrüßung, wenn der Lehrer die Klasse betritt. Letzteres ist kein altbackener Drill, sondern lenkt die Aufmerksamkeit der Schüler auf den Lehrer und lässt sie diesen als anwesendes Gegenüber spüren. Ein Lehrer, der grußlos die durcheinanderredende Klasse betritt, wird die ersten Minuten seines Unterrichts kaum mit inhaltlichen Dingen füllen können, sondern muss sich zunächst auf andere Weise Gehör verschaffen. Dem Lernerfolg ist das kaum zuträglich.

Den zweiten strukturellen Aspekt sehe ich in der Frage personenunabhängiger allgemeiner Regeln, die für alle Schüler verbindlich an einer Schule gelten. Diese Regeln haben den Zweck, Schüler eine sinnvolle Anpassung zu lehren. Ich benutze bewusst den Begriff »sinnvolle Anpassung«, um mich von der negativen Konnotation dieses Begriffes abzuheben. Ich habe es in der Vergangenheit nicht selten erlebt, dass der Begriff der Anpassung ausschließlich so ausgelegt wird, dass darunter ein Verschwinden des Individuums in einer gesichtslosen Masse verstanden wird. Benutzt man diesen Begriff, wird in Extremfällen sogar der Vorwurf laut, Kinder brechen zu wollen, um sie nach (des Erwachsenen) Belieben funktionieren zu lassen.

Ich hingegen verstehe unter Anpassung etwas völlig anderes. Funktionieren soll nämlich nicht der Einzelne, sondern die Gemeinschaft. Dafür jedoch ist eine gewisse Form von Regelwerk für den Einzelnen unbedingt notwendig, und zwar ein Regelwerk, auf das sich ein gleichberechtigtes Gremium mehrheitlich geeinigt hat und das bei Bedarf an veränderte Rahmenbedingungen angepasst werden kann.

Als Beispiel kann der tägliche Straßenverkehr dienen. Warum fließt dieser in der Regel ohne größere Probleme, anstatt ständig neue Unfälle zu produzieren? Die Antwort dürfte leichtfallen: Es gibt Verkehrsregeln, an die man sich zu halten hat, damit jeder unabhängig von seiner Fortbewegungsart zu seinem Ziel gelangen kann. Diese Verkehrsregeln sind in einem Werk zusammengefasst, Verstöße dagegen können also gegebenenfalls relativ leicht sanktioniert werden. Diese Sanktionierung geschieht unabhängig von konkreten Personen, im Mittelpunkt steht die Regel. Wenn ich die Geschwindigkeit um 15 km/h übertrete, kostet mich dieser Verstoß das gleiche Bußgeld wie meinen Nachbarn beim gleichen Vergehen, und es nutzt auch weder ihm noch mir, wenn wir über das Bußgeld diskutieren. Bei eindeutiger Sachlage wird die Strafe ausgesprochen, egal, warum, weshalb, wieso. Sinn der Regel ist dabei aber trotzdem nicht, mich oder meinen Nachbarn willkürlich in unserer Freiheit zu beschneiden, sondern den Verkehr an der entsprechenden Stelle mit einer der Situation angepassten Geschwindigkeit fließen zu lassen, um Staus, Unfälle und andere gefährliche Situationen zu vermeiden. Deutlicher ausgedrückt: Es geht darum, eine funktionierende Gemeinschaft namens Straßenverkehr zu erhalten und damit jedem Einzelnen einen Vorteil zu verschaffen. Durch das für jeden Verkehrsteilnehmer gleiche und einsehbare Regelwerk namens Straßenverkehrsordnung kann ich auch prinzipiell immer schon im Vornherein wissen, was auf mich zukommt, wenn ich mir ein bestimmtes Vergehen zuschulden kommen lasse.

Die öffentliche Sphäre – Gesellschaftliche Erwartungen und Druck

Die Tatsache, dass ein Regelwerk die Gemeinschaft bestimmt, um dem Individuum damit etwas Gutes zu tun, wird gerne übersehen. Würde man sich diesen Vorteil für schulisches Zusammenleben häufiger vor Augen führen, hätten wir einige Probleme weniger.

Auch Schulen brauchen Regelwerke, die festlegen, woran sich jeder Schüler zu halten hat. Diese Regelwerke können übergeordnet für die ganze Schule gelten, zusätzlich kann sich jede Klasse oder jeder Kurs eine untergeordnete eigene »Verfassung« geben, die das tägliche Zusammenleben erleichtert.

Auch hier geht es – wie bereits bei den vorherigen Ausführungen über Struktur – nicht um das rigide Einhalten eines starren Planes. Regeln aufzustellen meint an dieser Stelle, dass Schule einen wichtigen Teil dazu beitragen kann, Kindern Sicherheit zu geben. Die Regeln, welche das schulische Leben bestimmen, vermitteln als Teil der Struktur diese Sicherheit. Viele Formen von Freiheit, wie sie derzeit in Grundschulen praktiziert und gewährt werden, führen indes zu Verunsicherung auf Schülerseite. Schüler, die ein Anrecht auf ein strukturgebendes und anleitendes Gegenüber in Person des Lehrers haben sollten, sehen stattdessen bisweilen dort nur einen guten »Kumpel«, der ihnen nichts Böses tun will – aber offensichtlich auch nichts Gutes tun kann. Sie finden sich in der gut gemeinten Freiheit überhaupt nicht zurecht. Denn gut gemeint ist diese Freiheit in den allermeisten Fällen. Es gilt als modern, den Alltag an der Schule mög-

Fehlende Struktur in Kindergarten und Grundschule

lichst offen und eher unverbindlich zu halten. Man überträgt hier hart erstrittene Erwachsenenrechte eins zu eins auf Kinder und lässt sie dann damit allein. Das ist fatal.

Kinder brauchen also in der Schule und im Kindergarten genauso wie im Elternhaus Struktur, weil Struktur Halt gibt. Neben überschaubaren Abläufen gehört dazu beispielsweise auch eine sehr persönliche Ansprache des einzelnen Schülers durch den Lehrer. Es ist äußerst wichtig, als Lehrer seine Schüler gezielt auf sich zu beziehen. Aus meinen bisherigen Ausführungen ist auch klar ersichtlich, warum das so wichtig ist. Denn es geht auch hier nicht um *Er*ziehung, sondern um *Be*ziehung.

Schüler im Grundschulalter lernen für den Lehrer, nicht für sich selbst. Das berühmte »non scholae sed vitae discimus« gilt für einen neunjährigen Grundschüler schlicht und ergreifend noch nicht. Dieser lernt eben noch nicht fürs Leben, sprich: für sich selbst. Sondern er lernt für die Schule, sprich: für den Lehrer. Er macht seine Hausaufgaben und erscheint pünktlich zum Unterricht über die Beziehung zum Lehrer. Lehrer, die sich auf Grund ihrer falschen Konzepte vom Kind in Beziehungsstörungen befinden, können diese Leistung für ihre Schüler unbewusst nicht erbringen. Zwar leben sie in dem Glauben, nach bestem Wissen und Gewissen alles zum Besten der Eleven zu tun, merken dabei jedoch nicht, dass sie das Allerwichtigste, was sie sein können und müssen, für die Kinder gerade nicht sind: ein berechenbares und begrenzendes Gegenüber.

Ich weise gerne auch in diesem Zusammenhang noch einmal darauf hin, dass die Anleitung von jungen Schulkindern selbstverständlich liebevoll geschehen muss. Gefragt ist also nicht der Pauker alten Schlags, der unnachgiebig und diktatorisch über der Klasse thront, sondern ein moderner Lehrer, der die Verantwortung für die ihm anvertrauten Schüler nicht ablehnt, sondern diese annimmt und damit dazu beiträgt, Heranwachsenden das zu ermöglichen, wovon dieser Begriff spricht: heranzuwachsen, nicht nur physisch, sondern auch psychisch.

Verantwortung ist in diesem Zusammenhang auch ein Begriff, der hoch bewertet werden muss. Führung durch den Lehrer, seine Präsenz als Leitfigur, die auch die Einhaltung des Regelwerkes überprüft, hat selbstverständlich mit der Ausübung von Macht zu tun. Ein Lehrer, der sich so verhält, hat zweifelsohne Macht über seine Schüler. Wo Macht sich befindet, ist immer auch die Gefahr der Willkür gegeben. Es ist also überaus wichtig, dass diese Ausübung von Macht immer mit einem hohen Verantwortungsbewusstsein gepaart ist. An Schulen, an denen der Großteil des Kollegiums dieses Bewusstsein hat, sollten Tendenzen zu Machtmissbrauch kein größeres Problem darstellen, wenn es eine funktionierende Selbstkontrolle des Kollegiums gibt. Denn Verantwortung hat ein Lehrer nicht nur für seine Schüler, sondern auch für sein Umfeld.

Kinder brauchen keine Entertainer

Es ist die Tragik der aktuellen Diskussion, dass aus dem Umstand, viele Kinder seien nicht in der Lage, den Unterrichtsstoff aufzunehmen, die falschen Schlüsse gezogen werden. Man begibt sich auf einen fatalen Irrweg, wenn man glaubt, dies liege an einer falschen Form der Wissensvermittlung durch den Lehrer. Entscheidend ist für mich nicht eine Methodendiskussion (die ohnehin nicht in mein Metier fällt), sondern ein genauer Blick auf das Verhalten von Lehrern innerhalb der Methoden, die sie anwenden.

Nehmen wir als Beispiel die heute so beliebte Freiarbeit. Mich interessiert weniger die Frage, ob Freiarbeit als Methode generell richtig oder falsch ist, sondern mir geht es um die Rolle, die der Lehrer dabei spielt. Das moderne Rollenverständnis sieht dabei im Lehrer meist nur noch eine Art Mentor, der von den Kindern angesprochen werden soll, wenn sie Fragen aus ihrer freien Beschäftigung mit einem Thema haben. Der Lehrer rückt also dabei ganz in den Hintergrund, es macht den Anschein, als wenn es das Beste wäre, er wäre gar nicht im Raum. In dieser Rolle ist es unmöglich für den Lehrer, den Schülern auf der Beziehungsebene etwas zu vermitteln. Er kann also seiner eigentlichen Aufgabe gar nicht nachkommen, weil das moderne, partnerschaftliche Denken den Kindern das Heft in die Hand gibt.

Anders würde das meines Erachtens bei einer gelenkten Freiarbeit aussehen. Hierbei wäre klar, dass die Schüler sich zwar in Selbstständigkeit üben sollen, jedoch eine Struktur vorgegeben bekommen, innerhalb derer sie sich bewegen. Der Lehrer wäre bei dieser Form als Persönlichkeit anwesend, er würde im Vordergrund stehen und für die Schüler ein Gegenüber darstellen, das trotz Freiarbeit als Begrenzung wahrgenommen wird. Klar sein muss dabei allerdings auch, dass dies nur bei entsprechend entwickelten Kindern funktionieren kann, da nur diese das Gegenüber erkennen und akzeptieren können. Da wir immer weniger solche Kinder in den Schulklassen haben, müssen solche Konzepte entsprechend kritisch betrachtet werden, und es wäre im Zweifelsfall besser, sich stärker darauf zu konzentrieren, dass die Beziehung zwischen Lehrern und Schülern vertieft wird, als Freiheit über alles zu stellen.

Nicht nur die Methoden, auch die Bezeichnungen wandeln sich und zeigen, wohin der Weg führen soll. Sprache unterliegt einem ständigen Wandel, und dieser bildet nicht zuletzt die gesellschaftlichen Bedingungen ab, unter denen sprachliche Ausdrucksformen benutzt werden. In die deutsche Sprache sind in den letzten Jahrzehnten viele Begriffe eingesickert, die sich auf das Rezeptionsverhalten von Menschen beziehen, also auf die Art und Weise, wie untereinander kommuniziert wird, wie die Information von einem zum anderen kommt. Zumeist handelt es sich dabei um den eigentlichen Bedeutungsgehalt des Begriffes verbrämende Anglizismen. »Infotainment« ist so ein Begriff, der sich aus Information und Entertainment, also Unterhaltung, zusammensetzt und letztlich nichts anderes als eine besonders perfide Form von Werbung bezeichnet, die als solche nicht mehr auf den ersten Blick zu erkennen ist.

Überträgt man solche Denkmuster auf den Bildungssektor, könnte man für einen großen Teil heutiger Methodik den Begriff des »Edutainments« gebrauchen. Er würde zeigen, welche Denkweise hinter dem steckt, was von Lehrern heute verlangt wird. Diese Wortschöpfung ist erkennbar, genau wie das eben genannte Infotainment, zu einem Teil aus Entertainment gebildet. Davor hat man das englische Wort für Erziehung, »education«, gesetzt, und fertig ist der neue Zauberbegriff. Erziehung und Unterhaltung in einem Wort, es braucht nicht besonders viel Fantasie, um sich auszumalen, was das in letzter Konsequenz bedeuten würde. Ursprünglich stammt dieser Begriff aus dem Zusammenhang mit elektronischen Lernangeboten (mit einem weiteren Anglizismus als »e-learning« bezeichnet). Er wird jedoch nach den Erfahrungen, die ich in Gesprächen mit Lehrern gemacht habe, auch bisweilen benutzt, um Position gegen den vielgehassten Frontalunterricht zu beziehen.

Unter dem Schutzmäntelchen moderner Wissensvermittlung wird hier vom Lehrer verlangt, dass er für seine Schüler den Animateur geben soll. Der Unterricht soll unterhaltende Elemente enthalten, um die Aufmerksamkeit der Kinder zu erlangen und sie möglichst lange zu fesseln. Das ist im Grunde eine vollkommen pervertierte Sichtweise auf das Lehrer-Schüler-Verhältnis, eine Umkehr des normalen

Denkens, das auf dem natürlichen Verhältnis beruht. Der Gedanke, der dahintersteckt, ist folgender: Kinder müssen fürs Lernen begeistert werden, ihnen muss etwas Besonderes geboten werden, um sie im Klassenzimmer für den dargebotenen Stoff zu interessieren. Das ist eigentlich Nonsens und trotzdem heute vielleicht in mancher Hinsicht richtig.

Nonsens ist es aus folgendem Grund: Kinder sind von sich aus lernbegeistert, Kinder *wollen* lernen, unbedingt. Jeder, der mit Kindern umgeht, kennt die Wissbegierigkeit der Kleinen und weiß, wie ermüdend es manchmal für uns Erwachsene sein kann, wenn wir längst abgeschaltet haben und unsere Kinder immer noch fragen: Warum ist dies so, warum ist das so? Und diese Kinder sollen in der Schule auf einmal einen Entertainer als Lehrer benötigen? Einen, der mühsam versuchen muss, die Neugierde aus den Schülern rauszukitzeln? Bisweilen mag das heute in der Tat so sein, dass der Enter- und Edutainer gefragt ist. Der Grund dafür ist jedoch dann in der fehlenden Entwicklung der Kinder zu suchen. Diese sind nicht mehr wissbegierig, weil sie sich durch ihre frühkindlich-narzisstische Fixierung allein auf der Welt fühlen und an Reizen der Umwelt gar kein Interesse haben und lediglich lustorientiert leben.

Gleichzeitig zum Entertainer-Dasein ist aber auch immer stärker gewünscht, dass die Person des Lehrers nicht mehr so im Vordergrund steht. Die moderne Lehrerausbildung verlangt diese Lehrhaltung. Lehrer, die Referendare betreuen, können ein Lied davon singen: »Wir alle kennen den Spagat zwischen handlungsorientierten Hampeleien der Referendare in den Fachleiterstunden und der Folgestunde, in der wir im Frontalunterricht den Stoff dann noch einmal klar vermitteln.« Diese Aussage einer engagierten Lehrkraft weist auf einen wichtigen Umstand hin: Zwischen bildungspolitischen Vorgaben und dem Alltag in den Schulen hat sich vielerorts ein Gefühl von »die da oben« und »wir hier unten« entwickelt. »Die da oben«, das sind Politiker, die, auf welcher Basis auch immer, sich für Lernmodelle und -methoden begeistern, die mit dem, was Kinder *und* Lehrer für einen sinnvollen Umgang miteinander in der Schule brauchen, zu oft erstaunlich wenig zu tun haben. »Wir hier unten«, das sind ebenjene Kinder und Lehrer, die Methoden und Ideen aufgezwängt bekommen, die an ihren Bedürfnissen vorbeigehen bzw. den Entwicklungsstand der Kinder nicht berücksichtigen.

So gibt es beispielsweise in NRW die Idee, Medienkompetenz von Schülern zu stärken, indem ganze Klassen oder Schulen mit Laptops ausgestattet werden, die den Schülern sowohl in der Schule als auch privat zur Verfügung stehen.

Das Projekt wird von der Politik bis hoch ins Ministerium gelobt und klingt auch auf den ersten Blick wie ein Einblick in die schöne neue Schulwelt. Schüler sollen ihre »lernstrategischen Fähigkeiten« verbessern oder auch »fundierte, kritische, aber auch kreative Medienkompetenz« vermittelt bekommen. Gegen diese hehren Ziele ist sicher nichts einzuwenden, doch gibt es da aus kinderpsychiatrischer Sicht ein wesentliches Problem. Ziel der Initiative ist, betrachtet man das Verhältnis zwischen Lehrer und Schüler, dass der Lehrer zum »Berater« wird, sich also so weit wie möglich zurückzieht und die Schüler alleine gewähren lässt. Sie sollen sich im Umgang mit den Laptops ausprobieren und nur noch auf den Lehrer zukommen, wenn sie Fragen haben. Dieses Konzept könnte bei normal entwickelten Gymnasiasten in der Oberstufe durchaus richtig sein, angewendet wird es aber offenbar auch auf Schüler unterer Altersklassen, ohne auf ihr eigentliches Lernverhalten Rücksicht zu nehmen.

Mir geht es in diesem Beispiel gar nicht um die Frage, wie man Kindern einen konstruktiven Umgang mit Computern beibringt. Vielmehr zeigt sich, wie ein richtiger Ansatz eher unreflektiert und somit unausgegoren in den Schulalltag eingebracht wird. Dies geschieht aus meiner Sicht letztlich vor allem, um zu zeigen, dass die Politik überhaupt etwas tut. Das Hamsterrad, in dem wir uns alle befinden, hat längst auch die politische Ebene erreicht. In den letzten Jahren haben uns PISA-Schocks ereilt, Gewalt an Schulen eskaliert deutlich häufiger als früher und der Ruf nach Veränderungen ist immer lauter geworden. Das hat zur Folge, dass mittlerweile in immer höherem Tempo reformiert wird und immer neue Ideen entstehen, die immer schneller umgesetzt werden sollen, damit kein Stillstand eintreten möge. Es geht dabei längst weniger um den einzelnen Ansatz als um den Aktionismus als solchen. Und es wird nicht gesehen, wie die Schüler sind, für die ja letztlich all die Methoden und Ideen entwickelt werden müssten. Schüler und auch Lehrer sind oft genug zum Versuchskaninchen eines Reformwahns geworden, bei dem nicht mehr zählt, ob er denen, die von ihm profitieren sollten, eigentlich angemessen ist.

Die Auswirkungen, die der andauernde Änderungswahnsinn hat, lassen sich auch an scheinbar unbedeutenden Merkmalen erkennen. Es gibt mittlerweile Eltern, die mir erzählen, dass an der Grundschule ihres Kindes kaum Wert auf gut leserliche Schreibschrift gelegt werde. Diese wird zwar durchaus noch gelehrt, ist aber in ihrer Bedeutung deutlich abgeschwächt. Begründung: Druckschrift reiche vollkommen aus, da sowieso kaum noch mit der Hand geschrieben werden müsse. Schließlich werde immer mehr über den Computer geregelt. Die Folge davon sehe ich auch bei mir in der Praxis immer häufiger: Die Schrift der Kinder wird immer schlechter und unleserlicher, oder es wird tatsächlich nur noch in Druckschrift geschrieben. Auch die orthografischen Kenntnisse werden rapide schlechter, seit Fehler nicht mehr selbst erkannt werden müssen, sondern vom Korrekturprogramm des Rechners ausgemerzt werden. Die feinmotorischen Fähigkeiten, die zum händischen Schreiben nötig sind, werden durch das fast ausschließliche Tippen enorm verschlechtert, das hat auch Auswirkungen in anderen Bereichen, wo man sich dann wieder über diese fehlenden Fähigkeiten wundert.

Man darf sich durchaus fragen, was für ein Menschenbild hinter solchen Vorgängen steckt. Wollen wir uns vorsätzlich die grundlegenden Kulturtechniken abgewöhnen? Mir kommt das vor, als wenn ein Mensch sich vorsätzlich verstümmelt und die Gehhilfe, die er hinterher als Behinderter benötigt, als die Erfindung des Laufens preist. Der Computer, der ursprünglich mal menschliche Rechenleistungen perfektioniert und unterstützt hat, wird auf diese Weise zur Gehhilfe fürs menschliche Gehirn, also zu einer Art Behindertenunterstützung. Man versteht nicht mehr, dass technische Geräte nicht die Grundlagen ersetzen, sondern den Fortschritt befördern sollen.

Fragen, die sich mir als Nicht-Pädagogen bei all diesen offensichtlichen Missständen aufdrängen, sind etwa: Gibt es ausreichend Untersuchungen, dass irgendwelche von den inflationär eingeführten neuen Methoden wirklich den gewünschten Erfolg bringen? Gibt es, wie es in meinem Fachgebiet unabdingbar ist, Doppelblindstudien, die in jahrelangen Tests die Tauglichkeit von Reformideen nachweisen? Solche Studien beweisen in der Medizin die echte Wirksamkeit von Medikamenten oder Therapieansätzen. Es wäre also vorstellbar, auch im Bereich der Pädagogik Ähnliches durchzuführen, um es nicht immer nur bei der Einführung stetig neuer Methoden zu belassen.

Denn würde man deren Wirkung kritisch überprüfen, müsste man meiner Überzeugung nach häufig genug feststellen, dass die Reformen wenig oder nichts gebracht haben. So wurden politisch in den Grundschulen aus meiner Sicht wichtige Strukturelemente wie Nachsitzen oder Zusatzaufgaben abgeschafft. Sind die Schüler dadurch heute disziplinierter geworden? Ich bezweifle es stark. Unterrichtsformen wurden verändert, es gibt andere Sitzordnungen oder mehr Freiarbeit. Sind die Schüler nun leistungsstärker? Ich bezweifle es stark. Man hat das Schreiben verändert, keine Schwingübungen und Schönschrift mehr, sondern vereinfachte Ausgangsschrift. Ist die Schrift der Schüler besser geworden? Ich bezweifle es nicht nur, sondern ich weiß, wie bereits angedeutet, dass es nicht so ist.

Was ich sagen will: Ein genauer Blick auf Arbeitshaltung und -ergebnisse heutiger Schüler zeigt recht schnell, dass das Ei des Kolumbus bisher bei allen Reformbemühungen nicht dabei gewesen sein kann. Aus meiner fachlichen Sicht zeigt dieser Blick vor allem eines: Wir haben heute immer mehr Kinder als früher, die den Entwicklungsstand nicht haben, um das leisten zu können, was die Reformansätze ihnen abverlangen. Und wir haben immer weniger Elternhäuser, die solche Fehlentwicklungen in der Schule auffangen können. Es wurde mittlerweile an so vielen Stellschrauben gedreht, dass keiner mehr weiß, was welche Auswirkungen hat.

Kapitel 8

Ausklang: Was ist zu tun?

Ich bin nach dem ersten Buch oft gefragt worden, was denn aus meiner Zustandsanalyse folge und was man nun tun solle. Meine Hoffnung war indes, dass das Buch dazu beitragen möge, Hintergründe zu verstehen und daraus eigene Aktivität abzuleiten. Diese Hoffnung trage ich immer noch in mir, denn ich glaube, dass eine echte Umkehr im Denken über das Verhältnis zu unseren Kindern nur aus uns selbst heraus entstehen kann. In der Rolle desjenigen, der allein die Wahrheit gepachtet hat, bin ich nicht und würde mich auch nicht wohl dabei fühlen, wenn ich in diese hineingedrängt werde.

Ich verstehe mich als Mahner und Wegweiser, der Zustände beschreibt und Hintergründe aus seiner fachlichen Sicht analysiert. Wünschenswert wäre für mich, dass Menschen unterschiedlicher Couleur, die Verantwortung für Kinder tragen, an einem Strang ziehen und sich mit meinen Analysen auseinandersetzen. Dazu gehören Eltern, Großeltern, Erzieher und Lehrer, dazu gehören auch in der Ju-

Ausklang: Was ist zu tun?

gendhilfe tätige Menschen, nicht zuletzt aber ist es notwendig, diesen Diskurs auf die politische Ebene zu tragen.

Um hier den Weg noch ein wenig deutlicher zu weisen, will ich an dieser Stelle einige zentrale Punkte nennen, auf die es meiner Ansicht jetzt und in der nahen Zukunft ankommt.

– Beziehungsstörungen beheben

Der erste Schritt ist die Selbstanalyse, um die Beziehungsstörungen zu erkennen und zu beheben. Die vielen Beispiele im ersten und in diesem Buch können dazu dienen, Parallelen zu kindlichem und erwachsenem Verhalten im eigenen Umfeld zu erkennen und zu prüfen, ob Kinder noch als Kinder gesehen werden oder bereits ein anderes Konzept vorliegt.

Wenn das Gefühl besteht, man handele mittlerweile sehr stark nach partnerschaftlichen, projektiven oder symbiotischen Konzepten, sollten Überlegungen angestellt werden, was am eigenen Verhalten geändert werden kann, um Kinder wieder in einer ihnen angemessenen Rolle zu sehen. Das ist beim Partnerschaftsdenken noch relativ einfach möglich; wenn das Kind benutzt wird, um geliebt zu werden, schon schwieriger. In der Symbiose ist es sehr schwierig, weil stark von außen beeinflusst. Das liegt daran, dass diese Störungen am meisten von den in den letzten Jahren geprägten Veränderungen abhängen.

Es ist jedoch zu schaffen, und es dient dazu, Kindern wieder den Schutzraum zuzugestehen, den sie dringend brauchen. Das sollte bei all dem immer bedacht werden. Ich rede niemals von autoritären Konzepten, die Kinder in künstliche Anpassungshaltungen bringen sollen. Es geht immer um die gesunde psychische Reifeentwicklung von Kindern, die diese jedoch nicht aus sich selbst heraus leisten können, sondern für die sie Erwachsene um sich herum benötigen, die sich in einer bestimmten Weise verhalten.

– Verstehen, dass viele Kinder nicht entwickelt sind, Abstimmung der Konzepte

Der Analyse aus dem ersten Schritt müssen natürlich auch Konsequenzen folgen. Dazu gehört ganz wesentlich die Überprüfung der Konzepte in Kindergärten und Grundschulen. Dies ist einer der dringendsten Schritte überhaupt, um zu einer Umkehr zu kommen. Es ist eine Überprüfung dieser Konzepte auf dem Boden von entwicklungspsychologischem und neurologischem Wissen notwendig. Da das häufig nicht oder nur unzureichend aus der Schule selbst heraus geleistet werden kann, müssen eventuell auch entsprechende Experten mit herangezogen werden. Diese Überprüfung würde im Bereich Kindergarten und Schule aus meiner Sicht zeigen, dass die Grundlagen vieler Konzepte und Vorgehensweisen dem Partnerschafts-Konzept entstammen und damit Kinder überfordern. Eine gesunde

Ausklang: Was ist zu tun?

Reifeentwicklung wird von diesen Konzepten nicht begünstigt. Darüber hinaus würde sich zeigen, dass viele Kinder auf Grund bereits fehlender psychischer Reife generell mit den Angeboten von Kindergarten und Grundschule überfordert sind. Diese Kinder sind nicht krank, sondern durch ihre frühkindlich-narzisstische Fixierung nicht in der Lage, Erzieher oder Lehrer als Gegenüber zu erkennen, sich auf sie einzustellen und sich an ihnen zu entwickeln.

Das alles sollte Anlass sein, einmal von der reinen Methodenlehre abzukommen und sich stärker mit der Beziehung zwischen Erziehern und Kindern oder zwischen Lehrern und Schülern auseinanderzusetzen, da hier der Schlüssel zur gesamten Problematik liegt.

- Erkennen der Notwendigkeit beziehungsorientierter Konzepte

Wenn ich heute mit Schul- oder Kindergartenleitern, Lehrern, Erzieherinnen oder Eltern über Konzepte an Schulen und Kindergärten spreche, fällt mir vor allem eines auf: Der Weg der letzten Jahre war ein Trend hin zu immer stärker *beziehungslosen* Konzepten. Je kleiner die Kinder sind, desto stärker muss die Struktur in Form von Abläufen und Ritualen sein. Genauso wichtig ist Beständigkeit im Hinblick auf die Bezugspersonen einer Gruppe. Kindergärten mit überwiegend offenen Konzepten erfüllen diese Forderungen nicht. Lehrer werden immer stärker als Mentor ihrer Schüler gesehen. Sie sollen beraten, begleiten und als Ansprechpartner zur Verfügung stehen, vor allem aber sollen sie sich weitgehend im Hintergrund halten, um den Kindern eine freie Entfaltung zu ermöglichen. Viele Freiarbeitskonzepte gehören in diese Richtung, fehlende Kontrolle von Hausaufgaben ist ein Ausdruck davon oder auch die Überfrachtung von Kindern mit elektronischen Angeboten, um eine allenfalls diffus definierte Medienkompetenz zu stärken.

Was aus meiner Sicht stattdessen benötigt wird, sind *beziehungsorientierte* Konzepte. Es muss dringend gesehen werden, dass Kinder nur dann reifen können, wenn sie im Lehrer oder Erzieher ein verlässliches, strukturierendes Gegenüber haben. Beziehungsorientierte Konzepte sehen den Lehrer oder die Erzieherin als einen Fixpunkt für die Entwicklung des kindlichen Weltbildes. Beide tragen wesentlich mit dazu bei, dass sich beim Kind Psyche bildet, Kinder also ihrerseits zu voll beziehungsfähigen Wesen heranreifen.

Grundschullehrer müssen dazu aus meiner Sicht wieder stärker mit einem pädagogischen Instrumentarium ausgestattet werden, das es ihnen ermöglicht, dem Kind Orientierung zu bieten. Dabei geht es nicht um das Aufstellen abstrakter Regelwerke, sondern um personenbezogene Handlungsweisen des einzelnen Pädagogen. Ein Kind, das vom Lehrer angehalten wird, eine schlecht erstellte Hausaufgabe neu zu machen, erlebt die Autorität des Lehrers und kann sich daran orientieren. Es bekommt nicht nur ein Gefühl für die Erwartungshaltung, die hinter der gestellten Aufgabe steht, sondern übt beispielsweise die wichtige psychische Funktion der Frustrationstoleranz ein, indem es die Aufgabe ausführt, ohne dazu Lust zu haben, und dabei erlebt, vom Lehrer bestimmt zu sein. Da man in partnerschaftlich orientierten Konzepten davon ausgeht, dass Kinder vielfach von alleine und für sich lernen, fehlt hier der Lehrer als anleitendes Gegenüber.

Ich will es ganz klar sagen: Wenn an diesem Punkt echte Fortschritte erzielt werden könnten, wenn also Konzepte in Kindergarten und Schule wieder wirklich angemessen auf Kinder als Kinder und im Hinblick auf personenbezogenes Lernen und Entwickeln abgestimmt werden würden, wäre aus meiner Sicht schon sehr viel erreicht. Es wäre die Voraussetzung, Kinder nachreifen zu lassen, die bereits durch Beziehungsstörungen Entwicklungsverzögerungen zeigen, und psychisch gesunde Kinder wären nicht der Gefahr ausgesetzt, durch falsche Konzepte in der Schule in ihrer Entwicklung gehemmt zu werden bzw. Irritation bei ihren Eltern auszulösen.

– Wenn das System Familie versagt. Wer übernimmt?

Zu Beginn meiner beruflichen Tätigkeit als Kinderpsychiater reichte es aus, das System Familie zu analysieren. Störungen bei Kindern, in der Regel als Einzelstörung vorhanden, waren erklärbar aus der Lebensgeschichte der Eltern.

In den vergangenen Jahren musste ich in dieser Hinsicht

meine Arbeit stark verändern und zum Analytiker des Systems Gesellschaft werden. Das wurde notwendig, weil die aktuellen von mir herausgearbeiteten Störungen, vor allem die Symbiose, nur noch auf der Folie gesellschaftlicher Probleme erklärbar sind, die dem Einzelnen keine positive Zukunft mehr in Aussicht stellen können.

Das bedeutet: Das System Familie, die Erziehungs- und Entwicklungsarbeit durch die Eltern, versagt viel häufiger, als das früher der Fall war, weil keine Einzelschicksale der Hintergrund sind, sondern Massenphänomene.

Der Grund ist darin zu suchen, dass eine immer größere Zahl von Erwachsenen massiven Veränderungen unterliegt, die sie nicht verkraften und dann unbewusst übers Kind kompensieren. Es ist daher dringend notwendig, sich zu überlegen, was Kindern helfen kann, wenn im familiären Rahmen keine Verbesserung ihrer Reifeentwicklung zu erwarten ist.

Es liegt nahe, dass hier die Schulen und Kindergärten besonders gefordert sind. Die politisch als große Tat gefeierte Entscheidung, Eltern das Recht auf einen Kindergartenplatz ab dem dritten Lebensjahr zuzubilligen, hat in der Konsequenz zu einer Entrechtung des Kindergartens geführt. Dieser müsste normalerweise die Möglichkeit haben, die Aufnahme eines Kindes abzulehnen, wenn es dem Personal noch nicht reif erscheint; der klassische Fall wäre die Frage, ob das Kind trocken ist oder nicht. Das geht heute im Grunde nicht mehr. Die Kindergärten sind also einer-

Ausklang: Was ist zu tun?

seits gezwungen, unreife Kinder aufzunehmen, und stehen darüber hinaus ohnehin vor dem Problem, dass die reine Zahl dieser Kinder zunimmt. Das alles vor dem Hintergrund eines Personalabbaus, der die Probleme noch verschärft.

Zum Thema Kindergartenpersonal noch eine weitere Bemerkung: Statt schon bei den Erzieherinnen immer weniger Stellen zur Verfügung zu haben, wäre eigentlich ein ganz anderer Schritt notwendig. Kindergärten bräuchten multiprofessionelle Teams, die gezielt im Rahmen der problematischen Situation arbeiten können und die klassische Erzieherin in ihrer Arbeit entlasten. Diese wird mit den Ansprüchen, die heute an sie gestellt werden, letztlich überfordert, weil immer noch die Vorstellung vorherrscht, die wesentliche Arbeit geschehe ohnehin in den Familien. Auf diese Weise wird der Kindergarten tendenziell zur Verwahranstalt, anstatt die Entwicklung der Kinder zu fördern.

Da das System Familie heute nicht mehr im nötigen Maße die Entwicklung von Kindern ermöglicht, wird es unabdingbar sein, Ganztagsangebote auszubauen und weiterzuentwickeln. Diese Notwendigkeit auf schulischer Ebene ist in den letzten Jahren auf bildungspolitischer Ebene durchaus angekommen, in NRW wurden vor diesem Hintergrund etwa die Offenen Ganztagsschulen (OGS) entwickelt. Indes: Die Idee ist richtig, die Ausführung zum Teil fehlerhaft, weil gar nicht verstanden wurde, warum diese Idee notwendig ist.

Exemplarisch lässt sich das am Beispiel des so genannten Betreuungsschlüssels zeigen. Der Betreuungsschlüssel sagt etwas darüber aus, wie viele Kinder einer betreuenden Person zugeordnet sind. In einigen Konzepten der OGS lag dieser Betreuungsschlüssel beispielsweise bei 1:25. Für 25 Kinder steht also eine einzelne Person zur Verfügung, um allen gerecht zu werden. Würde man für die familiäre Situation einen solchen Schlüssel benennen, würde er in der deutschen Regelfamilie, ausgehend davon, dass nur ein Elternteil regelmäßig die Kinder betreut, je nach Anzahl der Kinder bei 1:1, 1:2 oder 1:3 liegen. Das heißt nicht, dass das an Schulen notwendig wäre. Wenn man sich aber dagegen die gestiegenen Anforderungen an Schulen ansieht und dann den dortigen Betreuungsschlüssel zur Kenntnis nimmt, kann man sich nur noch fragen: Wie soll das gehen? Die an sich richtige Einrichtung der OGS ist bisher eher ökonomisch und sozialpolitisch motiviert. Die kindliche Entwicklung, die im Zentrum des Projektes stehen müsste, rückt demgegenüber in den Hintergrund. Wenn diese Idee also so ausgeführt wird, wie es häufig zu beobachten ist, wird in Ganztagsschulen das Kind lediglich verwahrt und beaufsichtigt. Eine Reifeentwicklung jedoch, die durch das Zusatzangebot der OGS mit ermöglicht werden könnte, ist unter diesen Umständen nicht möglich.

Das heißt konkret: Die Einrichtung von Ganztagsangeboten ist in der Tat ein Gebot der Stunde. Dabei muss jedoch unbedingt darauf geachtet werden, dass ein möglichst hoher Betreuungsschlüssel zur Verfügung gestellt werden kann, damit die Möglichkeit personenbezogenen Lernens

Ausklang: Was ist zu tun?

für die Kinder von den Rahmenbedingungen her vorhanden ist.

In die gleiche Richtung zielt der bereits häufig zu hörende Ruf nach einer deutlichen Verkleinerung der Schulklassen. Auch hier gilt: Je weniger Kinder pro Lehrer, desto eher ist es diesem möglich, einzelne Schüler auf sich zu beziehen und ihre Psyche reifen zu lassen.

Notwendig ist aus meiner Sicht auch der Einsatz von Sozialpädagogen an Grundschulen, die dafür sorgen, dass Lehrer nicht länger mit Problemen bei der Reifeentwicklung der Schüler allein gelassen werden. Diese Sozialpädagogen dürften allerdings kein Anhängsel sein, sondern müssten den Lehrern gleichgestellt sein. Nebenbei bemerkt wäre es aus diesem Grund natürlich auch wünschenswert, dass die Lehrerausbildung entwicklungspsychologische Ansätze sehr stark mit einbezieht und die künftigen Lehrer in dieser Hinsicht fit macht.

– Wachrütteln der politischen Instanzen

Wie im vorangegangenen Kapitel bereits beschrieben, sind es oft weniger die Lehrer an den Schulen, die für untaugliche Methodik und falsches Verhalten gegenüber den Schülern verantwortlich sind. Sehr oft werden diese Dinge im bildungspolitischen Elfenbeinturm konstruiert und als Handlungsanweisungen nach unten gegeben. Damit finden sie dann Eingang in die Lehreraus- und -weiterbildung,

Ausklang: Was ist zu tun?

und der Druck auf die Lehrer an den Schulen, nach diesen Modellen zu handeln, ist immens. Zum Teil sind Lehrer gar gezwungen, gegen ihre eigenen Überzeugungen zu handeln, weil sie keinerlei Rückendeckung aus den übergeordneten Ebenen erfahren.

In einer E-Mail, die ich von einer Lehrerin bekam, ist das exemplarisch ausgeführt. Zu meiner Feststellung, dass Kinder im Schulalltag immer stärker sich selbst überlassen sind, heißt es dort: »Dies wird von den Schulämtern so gewünscht.« Konkret ging es um einen Fall, in dem ein Handy eingezogen und nicht sofort zurückgegeben worden war. Es kam zur Beschwerde, weder die Eltern des Kindes noch der Schulrat fühlten sich bemüßigt, die Lehrerin zum Vorgang zu befragen. Den Hintergrund auf Seiten der Eltern habe ich im Kapitel über das Konzept »Kind als Teil meiner selbst« ausgeführt. Der Impuls des Kindes wird nicht in Frage gestellt, die Eltern gehen sofort gegen den Lehrer vor. Hinzukommt hier allerdings die Reaktion des Schulrates. Dieser, so die Lehrerin, erklärte »lakonisch: ›Dann müssen Sie eben andere pädagogische Mittel ergreifen!‹ Welche das sein sollten, blieb offen.«

Die Schulleiterin an dieser Schule definiert den Auftrag ihrer Schule auf besondere Weise: »Wir sind Dienstleister der Eltern. Wenn wir uns zu stark durchsetzen, werden die Kinder an anderen Schulen angemeldet, und wir verlieren Lehrerstellen. Das wollen Sie doch auch nicht, oder?« Ähnlich die Position der Schulbehörde. Diese, so heißt es in der

Ausklang: Was ist zu tun?

Mail, »wolle keinen Stress mit aufgebrachten Eltern. Stattdessen evaluieren wir uns zu Tode, verwalten das Chaos. [...] Der Verweis auf eine andere Schule bleibt trotzdem schier unmöglich.« Wohin das führt, wird auch schnell klar: »Es bleiben kaum noch wirkungsvolle Maßnahmen übrig. Und das wissen die Schüler. Manchmal fühle ich mich als Kasper der Nation...«

Ich bekomme viele solcher Briefe und Mails, und in Gesprächen mit Lehrern wird immer wieder moniert, sich nicht wehren zu können. Von »Maulkorbparagrafen« ist da bisweilen gar die Rede.

Es wäre unbedingt wünschenswert, dass auch die Entscheidungsträger im politischen Bereich sich objektiv mit dem dringlicher werdenden Entwicklungsnotstand unserer Kinder und Jugendlichen von der Ursache her auseinandersetzen, anstatt immer neue »Behandlungsmethoden« für Symptome zu erfinden. Politiker stehen mehr denn je unter dem Druck, mit ihren Entscheidungen sofort sichtbare Ergebnisse hervorrufen zu müssen, da sie sonst Stimmenverluste zu befürchten haben. Denn die nächste Wahl kommt bestimmt. Für ein Problem wie die von mir beschriebene fehlende Reifeentwicklung von Kindern ist das fatal. Denn hier sind Fortschritte nur durch Zeit und Ruhe zu erzielen und werden auch erst mit einer mehrjährigen Perspektive wirklich sichtbar, weil sie sich längerfristig im Verhalten der Kinder zeigen. Psyche, darauf habe ich häufig hingewiesen, ist nun mal nicht zu sehen, deshalb können Erfolge bei ihrer Entwicklung auch nicht sofort aufscheinen. Kein aktuell nicht richtig entwickeltes Kind wird von heute auf morgen plötzlich zum Musterschüler. Und doch scheinen die politischen Konzepte viel zu häufig genau darauf hinwirken zu wollen, um den Wähler jetzt und gleich von ihrer Tauglichkeit zu überzeugen.

Am Ende meines ersten Buches habe ich geschrieben, es gelte, meine Analyse der Beziehungsstörungen zu verstehen, um Strategien zu entwickeln, diese aufzulösen. Ich hoffe, dass dieses Buch dazu beiträgt, die Wege zu finden, auf die uns solche Strategien führen können. Wenn Eltern wieder in die Intuition zurückkommen, wenn für Kinder verantwortliche Erwachsene im öffentlichen Bereich wieder nach dem Konzept »Kind als Kind« vorgehen, haben wieder viel mehr Kinder die Möglichkeit einer gesunden psychischen Reifeentwicklung, als es heute der Fall ist.

Dank

Vor ein paar Monaten erreichte mich ein Päckchen der Druckerei, das ein besonders schön eingebundenes Exemplar meines ersten Buches »Warum unsere Kinder Tyrannen werden« enthielt – ein Geschenk zum 250 000 gedruckten Exemplar. Noch immer wird der erste Band gelesen und diskutiert – dafür möchte ich Ihnen allen, liebe kritische und mitdenkende Leserinnen und Leser, herzlich danken, und Sie dazu ermutigen, die Bedeutung meiner Analyse in Ihrem Alltag zu entdecken und dadurch das gesellschaftliche Potenzial dieses Ansatzes weiter zu stärken.

Meinem Verleger im Gütersloher Verlagshaus, Klaus Altepost, gebührt der Dank, mit verlegerischem Gespür für den Buchmarkt genau dieses Potenzial bereits bei unserem ersten Gespräch erkannt zu haben; ihm danke ich für sein Engagement und die persönliche Begleitung bis heute; ebenso danke ich auch dem Journalisten Carsten Tergast, der professionell und kreativ bei der Entstehung beider Bücher mitgewirkt hat. Und besonders Markus Lanz, der die beiden erst auf meine Spur brachte und als Erster die Idee hatte, meine Analyse zu veröffentlichen.

Mein besonderer Dank gilt meinen langjährigen Mitarbeitern in meiner Praxis, die mich mit anregend kritischen Fragen und unermüdlichen Fallbeispielen immer wieder inspiriert haben; meiner ärztlichen Kollegin Angelika Rischar;

Dank

Kurt Dauben als ideenreichem Diskussions- und Konzeptionspartner und meinem über viele Jahre zum Wegbegleiter gewordenen Kollegen Friedrich Boos; allen unterstützenden Lehrern und Erziehern in den verschiedensten Einrichtungen meiner näheren und weiteren Umgebung. Und ganz besonders: meiner Familie. Ihr sei dieses Buch gewidmet.

Register

A
Abgrenzung 57, 181, 191, 195
Affekt 32 ff., 39, 127 f.
Aggression 171, 189 ff.
  -abbau 30, 65, 188, 190
Alkohol 138
Anerkennung 21, 81, 107, 119
Angst 22, 83
Anpassung 204
Anziehen 164–171
Arbeitshaltung 21, 66, 133, 217
Ariès, Philippe 45
Aufmerksamkeit 23, 87 f., 117, 204
Aufräumen 50 ff.

B
Bedürfnisbefriedigung 40
Begrenzung 185, 187, 210
Bestrafung 24, 128, 190
Betreuungsschlüssel 226 f.
Beziehungsebene 31, 34

D
Dazwischen-Reden 60
Depression 146
  agitierte 146 f., 150
Deschamps, Eustache 44

Downshifting 144
Druck 61, 82, 85, 87 f., 170, 197–217

E
Edutainment 211
Egoismus 11
Eigenverantwortung 43
Einschulung 41
Entertainment 210 f.
Entwicklungsstufen 35–44
Erzieher 23, 31, 41, 56, 199, 226
Erziehungsziel 191 f., 195

F
Familie 47 f., 224
Frechheit 14, 41, 189 f., 202
Freiarbeit 209 f. 223
Fremdbestimmung 64 f., 187
Freundschaft 20
Frustration 40
  -toleranz 21, 30, 132, 224

G
Geduld 40
Geschwindigkeit 140 f.
Gesellschaft 197–217, 225

Register

Gewissen 21
 -bildung 30
 -instanz 132 ff.
Gleichberechtigung 75
Gleichverpflichtung 75 f.
Glück 22
Grenzensetzen 57, 177, 181 f.
Großeltern 118 ff.
Grundschule 64, 104–109, 198–208, 221

H
Harmonie 20, 65
Hausaufgabenkontrolle 96 ff.
Hektik 144
Hygiene 43, 66, 89, 159, 191 f., 194

I
Impulse 23
Infotainment 210 f.
Inkonsequenz 178
Innehalten 151
Institutionen 176, 198
Internet 141
Intuition 33, 37 f., 56, 58–61, 76, 79, 102, 165, 167, 170, 188

J
Jugendamt 76

K
Kindergarten 64 f., 76, 176, 185, 198–208, 221 f., 224 ff.
Kindersterblichkeit 46, 48
Kindheitsbegriff 45 ff.
Kommunikation 99–129
 -störungen 99–129
Konflikt 41, 107, 170, 190
Kriminalität 134

L
Lehrer 23, 31, 42, 56, 65, 109–115, 187, 199
 -kollegium 104–109
Leistungsverhalten 42
Liebe 21, 82, 107, 119, 169
Lügen 187
Lustorientierung 135 f., 212

M
Macht 208
 -gefälle 56
 -missbrauch 208
 -umkehr 20, 22
Missbrauch, emotionaler 21
Montaigne, Michel de 47
Moral 135
Motorik 184

N
Nachreifung 44, 132, 172, 174
Nachsicht 40

Narzissmus 136
 frühkindliche 38, 91, 118, 123, 125, 135, 137, 173, 212, 222
Neugierde 213

O
Ohnmachtsgefühl 24, 88
Ordnung 66

P
Paare 120–124
Partnerschaftlichkeit 20 f., 43, 55, 69, 72, 74, 76, 78 f., 104, 106 f., 121 f., 160, 163, 167, 169, 183, 191, 221
Patriarchat 48
Persönlichkeit 69 ff., 210
Problembewusstsein 75
Projektion 20, 52, 55, 60, 71, 80, 119, 122, 135, 162 f., 191

R
Reaktionsmuster,
 gegenständliches 91
 –, zwischenmenschliches 91
Reifeentwicklung 30, 31, 34, 44, 70, 82, 32, 100, 107, 116, 132, 171, 175 f., 191, 198, 221 f., 225, 228, 230 f.

Respektlosigkeit 13 f., 202
Rituale 180, 222
Rollenbilder 48
Ruhephase 144

S
Sauberkeitsentwicklung 39
Schuldbewusstsein 119, 128, 134 f.
Schuldgefühle 68, 160, 187
Schule 23, 65, 79, 109–115, 176, 185 f., 189, 222, 224, 227, 229
Schulfähigkeit 42
Schutz 73, 80, 100
Selbstanalyse 220
Selbstbestimmung 64, 105, 185 f.
Selbstbewusstsein 64, 158, 185
Selbstbildung 40, 177
Selbsterkenntnis 122
Selbstständigkeit 64 f., 102, 105, 158, 167, 185 f., 210
Selbstverantwortung 65, 105
Selbstverwirklichung 146
Sicherheit 181, 206
Sogwirkung 61
Spielsucht 138
Sprachentwicklung 183
Sprachniveau 184
Strafandrohung 53
Strafe 177, 187, 189
 -mündigkeit 43

Streit 120
Stress 63, 144, 190
Struktur 78, 178–181, 191 ff., 195, 202 f., 206 f., 210, 222
Sucht 43, 138 f.
 Spiel, 138
Symbiose 20, 22 f., 52, 55, 60, 84, 110 f., 115 ff., 123, 126, 135, 150, 164, 169 ff., 187, 191, 194

T
Teamfähigkeit 21
Tempo 140 f.
Totalverweigerung 86
Trotz 88
 -phase 39 f.

U
Überforderung 64, 67, 73, 78, 85
Unabhängigkeit 63
Unrechtsbewusstsein 134

V
Verantwortung 78, 135
 -bewusstsein 101, 208
Verhalten, manipulatives 14
Verweigerungshaltung 14, 53, 65 f., 87, 110, 170 f., 189, 192
Verwöhnen 118 f.
Vorbildbegriff 34

W
Wahrnehmung 38
Wertevermittlung 30
Wissbegierigkeit 213
Work-Life-Balance 144

Z
Zeit 139 ff., 142, 144 ff., 151, 190, 197
Zuneigung 21, 52, 80 f., 169
Zuwendung 23, 82, 87 ff., 91, 117

Wenn die »Tyrannen« erwachsen werden

Wie Jugendliche nachreifen und im Berufsleben Fuß fassen können: Dieser konstruktive Ratgeber entwickelt die Thesen von Michael Winterhoff weiter und transferiert sie in den Teilbereich der Arbeitspsychologie. Ein Muss für jeden Betrieb und alle, die mit heranwachsenden Jugendlichen Probleme haben.

Michael Winterhoff, Isabel Thielen
PERSÖNLICHKEITEN STATT TYRANNEN
Oder: Wie junge Menschen
in Leben und Beruf ankommen
2. Auflage / 189 S. / geb. mit SU
ISBN 978-3-579-06867-1

HÖRBUCH mit 4 CDs / ca. 320 Min.
ISBN 978-3-579-07630-0

GÜTERSLOHER VERLAGSHAUS

www.gtvh.de

Kinder an die Macht?
Der Bestseller im Taschenbuch

224 Seiten,
ISBN 978-3-442-17128-6

Kinder außer Rand und Band: Mit "partnerschaftlicher" Erziehung werden Kinder überfordert und entwickeln sich zu kleinen Tyrannen. Nur wenn unsere Kinder wieder wie Kinder behandelt werden, können sie lebensfähig und glücklich werden. Michael Winterhoffs Buch für alle, die wollen, dass unsere Gesellschaft ihre Kinder lieben kann.

Überall, wo es Bücher gibt, und   unter www.mosaik-goldmann.de